Chroniques de l'homme d'avant

BP 50311
75625 Paris Cedex 13

Dépôt légal : novembre 2019
Numéro d'édition : 107
ISBN : 978-2-35766-166-0

Composition et mise en pages
Nord Compo à Villeneuve-d'Ascq

Imprimé en France par La Nouvelle Imprimerie Laballery
N° d'impression : 908374

PHILIPPE LANÇON

Chroniques de l'homme d'avant

LES ÉCHAPPÉS

Préface

L'attentat du 7 janvier 2015 m'a épargné la crise de la cinquantaine. En bouleversant ma vie et celle de ma famille, en affectant des amis et des collègues, en perturbant mes perceptions du corps, du temps et de la durée, en me forçant à les préciser, à les inventer peut-être, il a orienté d'une façon inattendue une expérience jusque-là flottante : celle de l'écrivain[1]. Mais a-t-il modifié le travail du chroniqueur, cette bête de somme dressée à arpenter jour après jour, semaine après semaine, de façon buissonnière et inconséquente, le champ sauvage et balisé de l'actualité ? A-t-il transformé ma façon d'aborder, à travers les chroniques, l'actualité et la vie ? Quels rapports entretient un homme dont l'existence a si brutalement changé avec les textes, destinés à être sans lendemain, qui continuent

1. Par écrivain, je veux dire : quelqu'un qui, en général depuis son enfance, ne cesse de penser aux textes qu'il voudrait écrire et que, le plus souvent, il n'écrit pas ; dont la vie est filtrée par l'écriture qu'il en tire ou imagine qu'il pourrait en tirer. À sept ans, il n'y a pas d'« écrivain raté », ni même de « mauvais écrivain ».

malgré tout d'accompagner et de rythmer cette existence ? Quelle sorte d'amies sont ces chroniques ? Je n'ai pas de réponse à ces questions, et ne pas en avoir me permet de continuer à en écrire comme si, en me ramenant à l'éphémère, à la miniature, elles m'autorisaient l'insouciance née de l'habitude et, pourquoi pas, une certaine immortalité – l'appréciable immortalité d'un courant d'air, d'un bureaucrate, d'un homme qui n'a pas senti à quel point la mort est là.

J'ai écrit mes premières chroniques dans *Libération* il y a plus de vingt ans. J'écris des chroniques dans *Charlie* depuis seize ans. Elles n'ont d'abord pas eu de titre, puis, à partir de 2009, comme Charb me demandait, avec un sourire gourmand, de les concentrer sur des scènes de télé ou de radio, j'ai proposé : *Dans le jacuzzi des ondes*. Le jacuzzi, ce bain tiède et à bulles où des corps plus ou moins mous viennent se détendre, me paraissait correspondre à l'une des fonctions essentielles sur le cerveau humain de ce que je pouvais voir et entendre ; l'autre étant, au contraire, de l'exciter et de l'inquiéter. Ce titre est resté, alors même que je parlais d'autre chose – surtout après l'attentat. Même quand du sang s'est mêlé aux bulles, je ne suis plus sorti du jacuzzi.

Le chroniqueur que j'ai été, et que je continue d'être, semble donc respirer comme si rien n'avait eu lieu. C'est bizarre, et chaque jour je m'en étonne. Ai-je la peau si dure, la plume si légère ? Chaque jour, je me lève en pensant qu'il ne m'est plus possible d'écrire sur autre chose que sur l'événement collectif qui a changé ma vie. Et comme cela je l'ai déjà écrit, chaque jour je me lève en pensant que je n'écrirai plus : les mots de trop, me dis-je, finissent par détruire ceux qui les ont précédés. Pourtant, j'écris. C'est ici qu'apparaît la chronique, la souplesse et le bavardage millimétré de la chronique. C'est bizarre, mais c'est comme ça : quoi qu'elle vaille, elle survit à tout et m'aide à survivre à tout. C'est un fil à la patte, mince et résistant, qui permet de s'envoler comme un ballon d'enfant. Sa force doit naître, j'imagine, de sa limite. Elle m'aide bien à vivre comme si rien n'avait eu lieu.

Rien, vraiment ? Ce point d'interrogation est ce qui m'a conduit à accepter la proposition des Échappés, maison d'édition de *Charlie* : réunir des chroniques publiées, sur dix ans, avant l'attentat. Elles ont été écrites dans un contexte qui n'est plus celui dans lequel vous les lirez. Ce sont les chroniques de l'homme d'avant. Ce fut d'abord pour moi l'occasion de les relire, ce que je n'avais jamais fait, puis de tenter de percevoir, par leur biais fragile, à quoi pensait celui qui les avait écrites ; si cet homme pressentait, en particulier, le monde peu enviable dans lequel l'attentat l'a, avec d'autres, plongé ; si cet événement, et l'expérience directe, violente, née de cet événement, ont depuis orienté le choix des sujets, la manière de les traiter. Mon problème était donc moins de juger la qualité de ces chroniques, je m'en sens presque incapable, que de les regarder à distance pour sentir, pour comprendre peut-être, à travers elles, quels rapports peuvent entretenir, dans un cadre fixé par un journal, l'écriture et la vie.

Contrairement à l'article de presse, la chronique me paraît suffisamment personnelle, et suffisamment insouciante, pour effectuer cette mise à distance, cette évaluation. Le chroniqueur n'est ni enquêteur, ni reporter, ni éditorialiste. C'est une petite voile dans la tempête et sous un ciel de plomb. L'actualité, même s'il la prend au sérieux, n'est qu'un prétexte. Il est payé pour écrire depuis ce qu'il est, ce qu'il veut être, ce qu'il croit être, non seulement sans le cacher, mais en mettant en scène le mouvement et la résistance qu'il oppose, en naviguant au près, à ce qu'il sent de l'air du temps. Sa fonction est baroque : intime et masquée, pleine de plis et nouée à cette figure essentielle à l'acte d'écrire, la digression. La chronique est la mise en avant du pas de côté.

Je m'étais toujours opposé à un recueil de chroniques, pour une raison simple que je répétais à qui voulait l'entendre : ce qui a été fait pour un journal est lié au temps du journal et mérite rarement d'en sortir. La chronique, comme le reste, finit autour des épluchures de concombre ou, dans les pays pauvres, entre une paire de fesses. Quiconque prend le risque de réunir les siennes dans un livre prend celui de voir son talent, s'il en a, se défaire sous la main du lecteur comme un fruit tombé de l'arbre depuis trop longtemps. Dans une chronique de 2011, écrite à la mort du romancier François Nourissier, j'ai écrit ces phrases que, comme tant d'autres, j'avais oubliées : « *On écrit pour rejoindre ceux qu'on a lus. On n'y arrive pas.* » Elles me semblent justes, et je n'ai donc même pas, comme justification, la possibilité de croire que je pourrais rejoindre – mais où ? – les écrivains qui, dès mon adolescence, m'ont fait aimer et assimiler ce genre : François Mauriac, Bernard Frank, Cavanna.

Ce qui caractérise ces chroniqueurs si différents, c'est le travail si particulier de la langue sur le naturel, ce travail d'orfèvre qui révèle une « patte » et constitue un style. La plupart de ceux qui écrivent des chroniques affectent un naturel qu'ils n'ont pas, ou, au contraire, sont victimes d'un naturel dont ils ne se méfient pas. Dans les deux cas, leurs textes en meurent. Un bon chroniqueur – et ces trois-là en étaient – n'est ni un poseur, ni un homme « sincère », ni un missionnaire au service d'une cause. C'est quelqu'un qui pose le pied sur une histoire, un homme, une œuvre, un événement, et qui le retire assez vite pour y laisser son empreinte sans les écraser. C'est ce qui en fait, je crois, un excellent intermédiaire démocratique : son regard et son mouvement, plus que son discours. Ses idées sont aussi fragiles que son cœur. C'est aussi un homme qui, comme Montaigne, annonce un sujet pour s'en aller ailleurs, au gré de son imagination et des images qui lui viennent. Il dérive, il musarde. Il ne cherche ni à épuiser ce qu'il évoque, ni à imposer ce qu'il pense. On doit sentir à travers ses phrases la présence de l'homme qui écrit, l'éphémère des situations qu'il décrit, le jeu divertissant qui les unit et les éloigne. La petite voile du chroniqueur emporte à bord un promeneur, un conteur, un escrimeur et un danseur.

Les trois écrivains que j'évoque ne m'ont pas appris à faire aussi bien qu'eux, mais ils m'ont appris à respecter et à aimer le genre qu'ils pratiquaient. Je les ai lus et relus, à temps et à contretemps, pour respirer et pour penser. Certaines chroniques étaient pour moi comme les livres préférés d'un enfant : je les relisais sans cesse, au point de finir par les connaître par cœur. Leur conversation me paraissait plus intéressante que la plupart de celles que j'entendais autour de moi. C'était à moi, personnellement, qu'ils parlaient. C'était moi qu'ils s'efforçaient de rendre un peu moins lourd, un peu plus libre.

Je n'ai pas pu écrire à François Mauriac, mort quand j'avais sept ans, mais il ne fait pour moi aucun doute que je l'aurais fait si j'avais lu son *Bloc-notes* au moment où il l'écrivait ; en quoi j'aurais eu tort, puisque ce qu'il pouvait me donner, ses textes me l'offraient. Bernard Frank, à qui j'ai écrit une très longue lettre, m'a d'ailleurs répondu par ces mots : *« Sept pages méritent bien une déception. »* Suivait un numéro de téléphone, alors à sept chiffres, que je n'ai pas oublié, et qui me conduisit aussitôt dans le passage parisien où il habitait. Il ne m'a pas déçu. C'était au début des années quatre-vingt. Je n'avais pas vingt ans. Je me souviens qu'il était timide, qu'il avait un chat et qu'il se passait la main sur les cheveux en parlant, comme pour se repasser le front. Il m'a conseillé d'écrire chaque jour, mais sans insister. Nous avons parlé, entre autres, de Mauriac et de Gide. Il me trouvait trop moraliste, je l'étais. J'aurais pu piétiner les livres qui m'exaspéraient, en particulier certaines pages du journal de Gide, que j'aimais tant, si je n'avais craint d'être surpris en train de le faire : la passion, oui, mais pas au prix du ridicule. Je l'ai revu plusieurs fois dans les années suivantes, en général dans des bars à vin, et puis je me suis éloigné, car j'avais honte de n'être pas devenu ce qu'il pensait que je serais : un écrivain.

Je n'ai jamais écrit à Cavanna, mais j'ai fini, affinités et amitié, par travailler dans le journal qu'il avait créé. Il a filé vers la mort un an avant l'événement qui l'aurait peut-être emporté. Le bon chroniqueur est maître de son destin et sait partir à temps. Suis-je un bon chroniqueur ? Je n'en sais rien. J'ai perpétuellement l'impression d'être illégitime et de n'être maître de rien. Un jardin nous était commun, à Cavanna et moi : le Jardin des Plantes. Il fait le lien entre mon enfance et mon retour d'entre les morts. C'est là que j'ai fait ma première sortie de l'hôpital, deux petites heures, à l'hiver 2015, avec mon frère, sa famille et quelques amis. Nous avions tourné dans le labyrinthe pour accéder au belvédère. J'y retourne souvent. Quand j'y suis, je pense parfois à Cavanna. Une chronique est un lieu sans autorité, sans spécialité, sans mission, où, dans le sujet « important », une plante ou une bête de ce jardin peut s'installer, tirer la couverture à elle, vivre. Un point, si j'ose dire, nous séparait : le point-virgule. Il le détestait ; je l'aime. Je pense qu'il y voyait une afféterie, une préciosité de classe qui sent bon son « petit maître », autrement dit sa tête à claques ; j'y vois le signe d'une ambiguïté, d'un flottement, une porte qui ouvre plus qu'elle ne ferme. La finesse martiale de Cavanna n'en avait pas besoin.

Après avoir voulu les classer, j'ai finalement décidé de laisser ces chroniques dans l'ordre chronologique de leur publication, le seul à mon avis qui convienne. Le sujet de chacune dépendait du moment où elle fut écrite. Tout classement était arbitraire et leur aurait donné un sens qu'elles n'ont pas. Les chroniques s'enchaînent librement au gré des circonstances, même quand elles révèlent des obsessions : c'est une feuille de température que vous allez lire, la mienne. J'y reconnais des rencontres, des voyages, des lectures, des choses vues, des expositions de peinture, que la chronique transforme.

Une exception à cet ordre chronologique : les deux chroniques du début. La première date de février 2006, du mois où *Charlie* a publié les caricatures de Mahomet. Elle décrit un lecteur de *Charlie* qui a honte ou peur, ou les deux, d'ouvrir le journal dans le métro. Elle s'intitule « Charlie et son héros », et, comme l'unique héros d'un journal, c'est son lecteur, il est normal qu'elle figure en ouverture de ce recueil ; d'autant qu'elle pose, à sa façon, les problèmes et l'absence de solidarité auxquels *Charlie* commençait, du fait de la publication de ces caricatures, d'être confronté. Phénomène qui a conduit, de marche en marche, à la solitude et au massacre que l'on sait.

La seconde date de septembre 2006 et s'intitule : « Libération, l'encre du désir. » Elle défend ce quotidien, ce qu'il a été et ce qu'il est encore, au moment où, comme *Charlie*, quoique pour d'autres raisons, il est alors piétiné de toutes parts : tous ceux qui ont profité des portes qu'il a ouvertes les referment sur lui. Je suis entré pour la première fois à *Libération* en 1986, à 23 ans, comme reporter : s'il y a un endroit qui m'a appris à faire mon métier librement et à voir le monde, c'est bien celui-là ; et c'est parce que je travaillais dans l'un que j'ai fini par rejoindre l'autre, sans quitter le premier. *Libération* a accueilli deux fois l'équipe de *Charlie*, après l'incendie criminel de 2011 et après l'attentat du 7 janvier. Un grand journal libertaire en aidait un autre, par vents contraires, l'un étant affaibli, l'autre menacé puis attaqué. Leur présence ici est, comme à peu près tout le reste, d'ordre intime : ce sont des lieux, des équipes, des amis, des regards, qui ont fait de moi ce que je suis.

Pour le reste, je n'ai pas choisi ces chroniques. Il m'a semblé que des regards extérieurs étaient prioritaires, dans la mesure où ce qu'un journal publie n'appartient plus qu'à ses lecteurs : ce sont eux qui font vivre les articles, et qui les oublient. Puis je n'avais pas le courage de reparcourir semaine après semaine, sujet après sujet, un itinéraire que le 7 janvier a interrompu. Je ne me sens plus vraiment l'auteur de mes chroniques. J'ai donc demandé aux Échappés de faire le tri. Depuis 2003, j'en ai écrit plus de cinq cents. Une soixantaine ont été retenues. C'est peu, et c'est beaucoup. J'ai dit plus haut que je les avais relues. En réalité, je les ai découvertes plus que je ne les ai relues. Je ne les avais pourtant pas oubliées, du moins pas toutes. Plus elles évacuaient l'actualité et les personnages qui la font, mieux je m'en souvenais[2] : l'attentat m'a depuis

2. Si mes amis en ont retenu si peu après 2009, c'est parce qu'elles traitaient davantage de l'actualité, comme on me l'avait demandé. Le résultat est qu'elles sont périssables ; leur date de péremption correspond à mon oubli. Celles dont je me souviens le mieux ont été écrites de 2005 à 2007. Elles correspondent à une époque où ma vie changeait, où j'étais, pour tout dire, en dépression. Certaines chroniques sélectionnées racontent tout de

lors rendu presque étranger à l'actualité qui n'est pas confrontée à mon expérience directe, intime. J'ai de moins en moins d'opinions sur ce qui a lieu ; et c'est à partir de cette absence d'opinions que j'écris.

Cependant, plusieurs chroniques évoquent bien, à travers un récit ou un portrait en situation, le monde dans lequel nous vivons plus que jamais, avec ses catastrophes écologiques, sa violence sociale, son puritanisme renaissant, sa foire aux vanités. Celui qui les a écrites me semble plus agressif, plus sarcastique, que celui qui les lit aujourd'hui : comme j'aimais distribuer des coups de bâton ! Où est passée cette colère, alors même que les raisons d'en éprouver se sont multipliées ? Je n'en sais rien. Si la colère est une manifestation d'énergie, alors, j'ai dû perdre en route de l'énergie. Mais celui qui les lit aujourd'hui

---

même une scène d'actualité vue à la télé ou entendue à la radio. Le plus souvent, je l'avais oubliée. Par exemple, la chronique consacrée en 2011 à Béatrice Dalle. Je compare l'actrice, avec une audace plutôt banale, à Rimbaud, mais je comprends pourquoi le texte a été conservé : il restitue la présence et le langage de l'actrice, sans se soucier des raisons publicitaires de son apparition, et donne à voir son personnage en représentation, confronté au naturel dont il est né. De même, j'avais oublié la chronique consacrée en 2010 à Michel Houellebecq, interviewé sur France Inter à l'occasion de la publication de *La Carte et le Territoire*. La lire m'a amusé. C'était le bon temps, ai-je pensé. L'écrivain que je décris n'était pas encore devenu l'auteur de *Soumission*, ni, pour moi, un personnage intérieur, une sorte de chien fidèle lié à l'attentat. Tout semble léger, amusant, insolent, dans cette scène de genre ; tout mord sans aller au sang.

partage, en gros, les mêmes préoccupations que celui qui les a écrites.

Le lac qui disparaît mystérieusement au Chili ; la façon dont les cintres, en s'entremêlant, résistent à la vie ; le rêve de la fin des avions ; l'ami banquier, nerveux et inquiet, qui veut vendre à Barbès ses vieux costumes presque neufs pour trois fois rien et qui n'y arrive pas ; l'ami fonctionnaire, plein de grandeur d'âme, qui subit et observe la désastreuse politique humaine et sociale menée par la grande entreprise d'État qui l'emploie ; la grande actrice qui refuse de payer la journaliste qu'elle a engagée pour écrire une biographie de sa mère ; les jeunes qui s'emmerdent sur un banc d'Avallon, dans l'Yonne ; la femme de ménage salvadorienne avec qui je parlais chaque jour pendant mon semestre à l'université de Duke, en Caroline du nord, en 2010, et qui voulait m'amener à son église évangélique ; ces amies américaines avec qui, bien avant les polémiques récentes, j'ai eu une discussion sévère sur Roman Polanski. Oui, ce sont bien là des choses que j'ai vues, écoutées, lues, entendues, imaginées. Et ces chroniques rescapées, qui ont si peu de rapport, voire aucun, avec la « grande actualité » qui les enveloppait, sont bien les seules qui tendent pour moi un pont par-dessus les flots du 7 janvier. Elles me rappellent non pas qui je suis, mais qui je fus. Qu'elles dérivent vers la fiction ou qu'elles y soient d'emblée installées, elles vivent à la frontière entre les genres, sur le fil, entre presque rien et je ne sais quoi. Ce sont des chroniques de contrebande, écrites pour un journal où nous étions libres de tout essayer, un journal qui semblait aller lentement vers la mort, faute de lecteurs, et que la mort a trouvé, par des tueurs qui ne le lisaient pas. Je constate que les chroniques plus originales, du moins selon moi, ont été écrites dans les premières années : j'essayais des formes, des types de récit, comme on essaie des habits dans un magasin. Enfin, je suis ému et honoré de voir, dans la mise en pages initiale, ce que j'avais aussi oublié : ma « colonne » côtoyait alors celles de Riad Sattouf, de Joan Sfar. Plus tard, elle a côtoyé celle de Wolinski. Les deux premiers ne dessinent plus dans *Charlie* ; le dernier, non plus.

D'où vient alors cette sensation presque désagréable de découvrir des textes que je n'aurais pas écrits, qui me sont à la fois intimes et étrangers ? Du fait, comme je l'ai dit, qu'ils me donnent l'impression d'avoir été écrits par un autre, bien que cet autre, ce soit moi. Ces chroniques sont des souvenirs, mais la plupart de mes souvenirs relèvent maintenant de la fiction. Je ne peux même pas dire : « Je n'écrirais plus ça... J'écrirais ça autrement... » Ce serait usurper la place du disparu. « Disparu ? Il a l'air bien vivant, pourtant... et d'ailleurs, il continue d'écrire des chroniques dans *Charlie*, comme il le dit lui-même : comme si rien n'avait eu lieu. » C'est vrai. Et c'est faux. Je n'en suis pas à une contradiction près. Les chroniques que je continue d'écrire *après* s'efforcent d'établir une continuité, en tenant compte de ce qui a eu lieu ; les chroniques que j'ai écrites *avant* sont les signes d'une absence de continuité. N'est-ce pas toujours comme ça, quand on écrit ? Après chaque texte, une fois la satisfaction ou l'insatisfaction éprouvée, vient le dégoût qui signale qu'on meurt un peu. Plus tard, si le texte est publié, il tient lieu de faire-part. Le 7 janvier m'a permis de vivre ce phénomène, je crois, avec une particulière intensité. Ce qui survit le mieux, finalement, ce sont des mots, des expressions. Par exemple, ce garçon croisé dans la rue et qui criait à ses fantômes : « Lejdanluc ! Lejdanluc ! », autrement dit : « Je l'ai dans le cul. » De quoi parlait-il ? Je ne sais pas. Une chronique entière, liée à des souvenirs personnels, est née de ce mot que je n'ai pas oublié. Certes, je ne crois pas avoir pensé à l'hôpital, après le 7 janvier : « Je l'ai dans le cul. » Je l'avais plutôt dans la mâchoire. Mais ce mot, Lejdanluc, vieux aujourd'hui de presque quinze ans, est resté : pour moi, il date d'hier. Peut-être toutes ces chroniques sont-elles à la recherche du Lejdanluc ; du mot magique, jaillissant du vide, et sous lequel vit la réalité.

Au choix effectué par Les Échappés, j'ai tenu à ajouter deux chroniques. Elles n'ont aucune valeur particulière, mais elles font le pont, elles aussi, malgré elles et malgré moi, entre avant et après. La première a été publiée le jour de l'attentat. C'est un texte sarcastique qui étrille l'animateur philosophique Raphaël Enthoven, et qui défend un jeune critique de cinéma sur Youtube, Durandal, auquel ce notable s'en prenait violemment sur France Culture. La vie, c'est parfois ça : la rencontre fortuite d'un texte anecdotique et d'un événement qui ne l'est pas sur la table de conférence où, dans quelques minutes, un groupe de dessinateurs et de chroniqueurs vont être massacrés. Le plus drôle est que, par la suite, Raphaël Enthoven n'a cessé de soutenir *Charlie.* Il le soutient encore aujourd'hui, alors même que ce journal ne l'est plus guère, soutenu ; ni par l'extrême gauche et une partie des vestiges de la gauche, qui continue de le considérer comme « islamophobe », voire raciste ; ni par la plupart des intellectuels, artistes, gens de culture de toute espèce, qui le trouvent de mauvais goût ; ni par la droite, parce que ça reste un journal de gauche agressif, anticlérical, anticapitaliste et anticonformiste ; ni par la plupart de ceux qui l'ont acheté après le 7 janvier, et qui, une fois l'élan de solidarité retombé, ont compris que ces dessins, ces textes, n'étaient vraiment pas leur genre. L'attentat n'a en réalité rien changé aux opinions des uns et des autres : pourquoi l'aurait-il fait ? Et une bonne vieille loi du métier s'applique plus que jamais : si la réputation d'un journal en expansion est faite par ceux qui le lisent, celle d'un journal en difficulté est défaite par ceux qui ne le lisent pas ou plus.

La dernière chronique de ce recueil a été publiée dans le numéro dit des survivants, celui du 14 janvier 2015. J'étais alors à l'hôpital entre les tuyaux et les blocs, dans un état qui ne me permettait guère d'y participer ; mais l'équipe pensait que, comme celles des autres, ma signature devait être présente. Elle s'intitule « Des palometas dans le jacuzzi ». Elle avait été écrite en Argentine, où je voyageais un an plus tôt, et publiée le 8 janvier 2014. Qui l'a choisie ? Pourquoi ? J'ai demandé aux uns, aux autres : nul ne s'en souvient. J'imagine que la date a compté : c'est l'anniversaire en amont du massacre. Et j'imagine sans peine le désordre et le chagrin dans lequel ce texte, parmi d'autres, fut choisi par ceux qui n'avaient pas été massacrés. Mais je peux imaginer aussi que cette chronique exotique, à propos de poissons carnivores déplacés par le réchauffement climatique, donnait un peu de légèreté au chagrin.

En janvier 2014, j'étais à Rosario, la ville argentine du Che, de Messi et, ce que je préfère, du jazzman Gato Barbieri. C'était l'été, là-bas. Il faisait si chaud que tout semblait immobile. Je me disais que, dans la nuit, j'allais me changer en serpent, pour me réveiller dans un vivarium. Je suis allé regarder de vieux danseurs de tango dans un club. J'ai bu une bière dans un bar voué du plafond au sol aux Beatles. J'ai navigué avec des amis sur le rio Paraná, où se trouvaient les palometas, les poissons carnivores dont il est question dans la chronique. Je me suis demandé si ma main, traînant dans l'eau, serait attaquée par ces poissons comme celle de Tintin par les piranhas dans *L'Oreille cassée*. La chronique est insouciante, malgré son souci écologique. Comment pouvais-je imaginer qu'un an plus tard il y aurait tant de morts parmi nous ? Je me souviens, pourtant, d'avoir été étourdi par la présence des morts en visitant la villa où, sous les ordres d'un général, on avait particulièrement torturé pendant la dictature argentine. Les photos des disparus étaient affichées, comme du carrelage, dans un patio. Les visages de ceux qu'on n'avait pas retrouvés étaient barrés. Pendant quelques secondes, une tristesse épouvantable, inattendue, m'a saisi. Ensuite, je suis allé boire une bière. Je ne suis jamais retourné en Argentine.

J'ai écrit ailleurs que j'étais, comme certains de mes amis qui ne sont pas morts ce jour-là, un revenant. En tant que chroniqueur, et j'en finirai par là, je me sens, à tort ou à raison, un survivant. La chronique est un très vieux genre littéraire, qui remonte à une époque préromanesque où il est le produit d'un petit groupe d'hommes et d'une nécessité. Le chroniqueur est celui qui raconte tel événement, telle guerre, telle bataille, tel monde ; il a été acteur de ce qu'il raconte ; il est l'ancêtre de l'historien. Joinville, dans sa *Vie de saint Louis*, fait la chronique du règne et de la septième croisade. Monluc, dans ses *Commentaires*, raconte les guerres d'Italie et de religion auxquelles, catholique, il a participé. Tallemant des Réaux, dans ses *Historiettes*, fait le tableau mondain de la société des nobles et des bourgeois, de Paris et de Province, au début du XVIIe siècle. Les ducs de Bourgogne aussi ont eu leurs chroniqueurs, et bien d'autres. Tous auraient sans doute aimé bénéficier, comme Monluc, de l'épître par laquelle son éditeur présente « *l'expérience et la résolution de cet invincible chevalier* » : « *Cette prérogative d'honneur ne lui peut être disputée, non plus que celle que le ciel lui avait donnée d'une prompte et merveilleuse vivacité d'entendement, d'une souple et néanmoins très retenue prudence, qu'il découvrait sur le champ au maniement des affaires, d'une mémoire admirable et si riche qu'il ne s'en voit presque point de semblable, d'une parole aisée, forte et courageuse, et pleine d'aiguillons d'honneur parmi l'ardeur au combat, et aux affaires d'État d'un langage rassis, rehaussé de pointes, de raisons et d'arguments, le tout accompagné d'un jugement si clair et si vif qu'ores qu'il fut destitué de la faveur des lettres, si est-ce que la lumière de son esprit offusquait la clarté de ceux qui avaient joint à une longue expérience une parfaite et recherchée connaissance d'icelles.* » Pourquoi citer ce long compliment ? Parce qu'il est porté, avec naturel, par une langue belle, puissante. Le chroniqueur est ainsi : il quitte souvent son chemin pour suivre les langues qu'il aime, qu'il rencontre par hasard, ou dans ses souvenirs, et qui le conduisent ailleurs, n'importe où, sauf là où son sujet l'attendait.

Peu à peu, l'Histoire est devenue une matière, une spécialité. D'autres genres sont apparus. Au XIXe siècle, le roman s'impose. La chronique est un genre secondaire, frivole, moitié oiseau moitié souris, lié aux journaux et à la démocratie. Les écrivains qui se veulent avant tout romanciers en écrivent pour des raisons alimentaires. Ils lui réservent leurs bas morceaux. François Mauriac montre avec son *Bloc-notes*, à partir de 1952, que la chronique peut être un art, même dans les journaux ; qu'elle n'a rien à envier aux autres formes littéraires ; qu'elle est peut-être, par son rythme, sa vitesse, sa précision, au cœur même de l'acte d'écrire ; bref, qu'elle peut être un art civique. C'est en pensant d'abord à lui que je me suis efforcé et que je m'efforce d'écrire des chroniques. Alors, pourquoi survivant ?

Le talent ne disparaît pas. Ce sont les genres dans lesquels il s'exprime qui disparaissent, qui changent. J'ai l'impression que le genre de la chronique disparaît. La crise des journaux où elle vivait, l'extinction de la culture littéraire qui la nourrissait, l'apparition des réseaux sociaux, l'exigence de toutes parts d'opinions de plus en plus instantanées et tranchées, tout conspire à noyer la petite voile couleur nuance du chroniqueur dans un océan d'individus furieux, prétentieux et sentencieux. La chronique n'apparaît plus comme un regard spécifique et ironique sur le monde, mais comme l'opinion d'un privilégié ayant accès aux « médias », une opinion parmi d'autres. Dans cette confusion, elle coule. Confusion, car si le chroniqueur a parfois des opinions, ou feint d'en avoir, il devrait faire sentir qu'elles n'ont d'importance que dans la mesure où elles sont prises dans un récit, des phrases, des formes de l'imagination qui, d'une manière ou d'une autre, les éloigne et les pervertit. Dans la chronique, les certitudes sont limitées par les mots. C'est pourquoi j'écris à partir de mon absence d'opinions. Je vous laisse maintenant avec ces petites voiles, qui valent ce qu'elles valent, et je continuerai de naviguer au prés, tant qu'on me laisse le faire et tant que je peux.

22 février 2006

« Charlie » et son héros

La première fois qu'il ouvrit *Charlie* dans le métro, il eut l'impression d'être un héros. Ce n'était pas si fréquent et ce fut bref. Le jeudi 9 février 2006 avait commencé depuis huit heures. Il faisait dehors un froid de Danois.

La veille, il avait fouillé en vain trois kiosques le matin, trois libraires le soir. Il avait même fini par demander, ce que d'habitude il ne faisait pas. Il aimait trouver et payer en silence. Acheter un journal demeurait pour lui un acte d'identification et d'intimité qu'il supportait mal d'afficher. Il n'aimait pas davantage lire un journal en public. Il se sentait brutalement mis à nu sous les regards des autres. Ouvrir dans le métro *Charlie* lui demanderait un effort supplémentaire : c'était un journal qu'il n'achetait jamais. Il se sentait indigné par ceux qui transigeaient avec la liberté d'expression ; la violence des dessins le gênait. Il voulait bien en rire, mais chez lui. Dehors, il avait peur qu'on le prenne pour l'homme indélicat qu'il ne voulait pas être. Les dessins ne laissaient pas les gens indifférents. Comment dire… Ils les sommaient. Et ceux-ci réagissaient parfois avec toute l'intelligence qui leur manquait.

Tous les exemplaires de *Charlie* semblaient épuisés, c'est du moins ce qu'on lui dit. Les kiosquiers avaient des regards encourageants. Ceux de certains libraires semblaient dire : « Toi aussi, tu cherches le collector… Encore plus de curiosité que de vulgarité, hein ? » Et son regard leur répondait : « Je t'emmerde. » Du moins le croyait-il. En quoi il se trompait. L'agressivité exige un talent dont il était dépourvu et qu'il aurait mal supporté. Comment fait-on pour vivre avec un talent qui perturbe ?

Il prenait chaque matin le métro dans les quartiers nord de Paris pour rejoindre son bureau. Sur ses deux lignes, les Blancs n'étaient pas rares, mais n'étaient plus majoritaires. Il n'y pensait jamais. C'était son ordinaire, sa vie. Ces vingt dernières années, la foule d'une ville changeait plus vite que le cœur d'un mortel. Il avait parfois le sentiment que la France dont lui parlaient la presse, la télévision, et même ses amis, n'était plus celle où il vivait. De celle-ci, on ne lui présentait que des drames ou des caricatures – les pires caricatures : celles qui font croire qu'elles n'en sont pas. La réalité n'était pas vraie ; elle n'était même pas drôle.

Il trouva *Charlie* jeudi à l'aube dans une librairie un peu éloignée de son parcours. Comme il montait en bout de ligne, il put s'asseoir. Il laissa passer deux stations, respira, ouvrit son cartable et sortit l'exemplaire. La Une représentant Mahomet faisait maintenant face aux autres comme un drapeau pirate. Il sentit des regards peser sur lui et, aussitôt, se mit à suer. Il avait peur, mais autre chose le gênait. Il n'aurait pu le formuler que par des questions. Où finissait le tact ? Où commençait la provocation ? Où était sa sincérité, et où la posture ? Où le courage, où l'inconscience ? Était-ce du sérieux, était-ce une comédie ? Il avait l'impression de tenir un rôle inévitable qui n'était pas forcément le bon.

Le wagon s'était rempli. Sa voisine, une Blanche d'une cinquantaine d'années, sentait le tabac froid et finissait sa nuit. En face, deux Noirs le regardaient avec une intensité qu'il ne put interpréter. Sur la banquette d'à côté, une jeune femme voilée de noir l'observait avec un mépris agressif. Il évita de croiser son regard. Il tournait les pages lentement. Dans son dos, des regards de passagers debout ne perdaient rien des dessins et des textes que lui-même était incapable de lire. La veille, une collègue lui avait dit : « Je l'ai acheté, mais je n'ai pas osé l'ouvrir dans le métro. J'avais peur qu'on m'agresse. » On dit que Spinoza se promena toute sa vie avec le manteau troué par le coup de couteau que lui avait donné un fanatique, pour se rappeler ce qu'il en coûtait d'être philosophe. Mais lui n'était pas philosophe, il n'était qu'employé de bureau, et d'ailleurs il ne connaissait pas l'histoire de Spinoza.

Que pensait-il des musulmans ? Eh bien, il n'en pensait rien. Il n'y connaissait rien. Ils étaient là, dans son air, matin et soir, mais ils vivaient ailleurs. À moins que ce ne soit lui, l'étranger ? À part les barbus et les femmes voilées comme celle qui le fixait en ce moment, comment les reconnaître ? Statistiquement, les Arabes avaient toutes chances de l'être. Mais il avait lu assez d'articles pour savoir qu'ils ne l'étaient pas tous. Au mieux (ou au pire ?), il y avait présomption de croyance. Et comment différencier un croyant d'un pratiquant, un pratiquant d'un pratiquant maniaque, un pratiquant maniaque d'un islamiste ? Il va falloir que j'achète le Coran, pensa-t-il. Le Coran va devenir un best-seller. En France, on lira le *Quid*, la Bible et le Coran. Et Marc Lévy. Et Alexandre Jardin. Et Thierry Meyssan. Et quoi d'autre ? Il essayait de penser à autre chose, à n'importe quoi, pourvu que ça le fasse rire. Le regard de la femme voilée ne le lâchait pas, le cherchait. Il ne le trouverait pas. La station où il changeait arriva moins vite qu'il n'aurait voulu et il descendit comme on fuit.

Dans les couloirs, il glissa *Charlie* dans le cartable. Il entra sur le second quai au moment où la rame s'arrêtait et trouva une place assise. Courage ! se dit-il. Et il remit la main dans le cartable à la station suivante, au moment où montaient deux Beurettes. L'une était jolie et s'assit à sa gauche ; l'autre était belle et s'assit face à lui. Elle avait dix-sept, dix-huit ans. Ses cheveux, longs, bouclés, aux racines légèrement teintes, étaient tirés en un chignon sauvage dont la forme mettait en valeur les lignes vierges du visage. Sa peau était d'un bronze magnifique. Ses bijoux valsaient avec ses yeux d'un or marron, extraordinairement vifs et joyeux. Il la regarda clairement. Elle sourit. Le charme énergique qu'elle dégageait le coula dans la banquette et, du vieux cartable, il sortit une main vide. Un sourire fut sa seule audace. Trois stations plus loin, les deux filles se levèrent. Avant de descendre, elle se tourna vers lui et sa jeunesse créa un dernier sourire, un sourire absolu, pour assurer un pouvoir sans regret. Il se sentit dévoré par une fleur profonde, légère, sans lendemain. Et la beauté devint la solution d'un problème qu'il ne parvenait pas à poser.

20 septembre 2006

« Libération », l'encre du désir

Il y a vingt ans, au cœur de l'été, je suis entré à *Libération*. Le quotidien portait bien son nom : sa rapidité, son goût du conflit, son absence de fausse vertu et de sentimentalisme libéraient de bien des choses en déstabilisant. Ce n'était pas sans joie ni sans perversité. Je me sentis nu et léger comme un cousin de province.

C'était mon premier emploi. J'en étais fier : mes relecteurs étaient ceux que j'avais lus avec admiration. Dans ce journal, qui remettait en cause la routine et l'autorité, décrassage et transmission s'effectuaient à toute heure, et dans les bars jusque tard dans la nuit. Ils passaient par le… j'hésite à écrire travail, tant ce mot, travail, a pris un sens médiocre, misérable, qui ne correspond ni à ce que nous faisions alors, ni à ce que, à *Libération* comme à *Charlie*, nous continuons, je crois, à tenter de faire.

Ce n'était pas non plus un « job » : je n'étais pas un jeune esclave qui entrait chez des maîtres exploiteurs (même si les pigistes, comme partout, étaient exploités). Je ne venais pas là pour apprendre le cynisme malgré moi, en acquérant la volonté de trahir des ambitieux ou des contremaîtres à la première occasion. La triste idée qu'être intelligent signifierait n'être pas dupe ne me serait pas venue à l'esprit. C'est la confiance qui rend libre : en entrant à *Libération*, on était confiant. Ni enchantement, ni désenchantement : esprit critique, aventure, déséquilibre et énergie.

Mon quotidien était, et demeure, un lieu stendhalien : on y entrait et l'on y entre par idéal, conviction, style, par mode de pensée et de vie. La société, les lectures, les amours, les amis, les voyages, les reportages, la vie du journal, tout se mélangeait vite et en permanence : nous avions la poudre au corps. Un individualisme dur faisait une noce ironique et violente avec l'expérience collective. Le résultat de ce mélange, instable et relativement explosif, était publié sous forme d'articles. On n'entrait pas plus ici qu'à *Charlie* pour devenir un « grand professionnel », une « conscience », un producteur d'information, un symbole de je ne sais quoi, bref, pour y devenir un assis. On venait pour respirer, se remuer, s'amuser, se battre ; parce qu'on y croyait et parce qu'on voulait vivre, l'un n'allant pas sans l'autre. Il arrivait qu'on meure, qu'on soit trahi. La pitié n'était pas répandue.

Voilà une première chose que beaucoup ne lui ont jamais pardonnée : *Libération* était un journal à cœur ouvert – une perche bien vivante. Il ne tendait jamais la joue gauche et ne cachait ni ses arêtes, ni ses faiblesses. Le journal a moins changé qu'il ne le croit lui-même. Simplement, l'époque est triste et il est vulnérable : moins de lecteurs, plus d'argent, trop de rancœurs. C'est le seul journal auquel on reproche de n'être plus de son temps. Ce reproche est presque un hommage. Mais tout le mal que beaucoup en disent, souvent sans le lire, a maintenant quelque chose de honteux : on dirait une bande de courtisans s'acharnant, dans un couloir versaillais, sur une marquise qui les a trop fait rêver. Au fond, ils ne lui reprochent que d'avoir vieilli. Chère marquise… car *Libération* en est une : il a peu cédé sur ses choix critiques et a rarement confondu ses passions culturelles avec un vague goût nerveux, majoritaire et commercialisé. Cela non plus, sous prétexte d'élitisme et de snobisme, on ne le lui pardonne pas. Tant mieux.

Qu'est-ce qu'un journal vivant ? Un journal où il y a toujours plus d'idées que de peurs, d'imagination que d'erreurs, de libertés que de préjugés, d'informations que de répétitions, de mauvaise foi que de bonne conscience, de culture que de commerce, de morale que de moralisme, de désordre que d'ordre, d'agressivité que de regret, d'Alceste que de Chrysalde, de lendemains que d'avant-hier, d'amants curieux que de bons pères de famille, et d'énergie que de ressentiment. C'est enfin et surtout, dans le cas de *Libération*, un journal où il y a toujours plus de désir que de lassitude. C'est pourquoi j'y reste : *Libération* n'est ni une institution, ni un magazine de divertissement, ni un piège à cons sociologique, ni un cercueil à textes bien calibrés. Il a été et, s'il doit vivre, restera l'inconfortable, l'injustifiable journal du désir.

Voilà une seconde chose que beaucoup ne lui pardonnent pas : ils ne veulent pas, bonnes ou mauvaises, des surprises du désir. La majorité passe son temps à céder sur son désir, à le dénoncer sous des prétextes servis clés en main par des chargés d'affaires, de morale et de « vie bonne » (ils se tiennent la main). Elle s'épuise à ne pas le vivre. Le désir éclate aux marges ; il s'éveille dans les minorités : *Libération* n'a cessé de les révéler et de se révéler en elles. Tout cela est arrivé naturellement, politiquement, sauvagement, par crises et soubresauts davantage que par calcul. Nous n'aurions jamais dû renoncer à dresser ce désir, comme un drapeau pirate, face aux bâtiments de l'ordre et de la demande. *Libération* ne se contentait pas d'accompagner la société et les intermittences de plus en plus fébriles des cœurs de gauche : son existence quotidienne était et reste déterminée par cette société. Le principe d'action et de vie, comme chez les surréalistes, c'est les vases communicants. Et si *Libération* a « inventé » des manières de traiter les faits divers, le sport, la politique, la culture, ce n'est jamais en pensant à « faire du nouveau » ou à ce que voudrait le « lecteur », ce fantôme capricieux, mais tout simplement en vivant à plein dans le monde tel qu'il évoluait – en le mordant et en étant mordu par lui. *Libération* a été tellement copié, depuis lors, par ceux qui ne cessent de souhaiter sa mort.

Si cette mort arrive, ce ne sera une bonne nouvelle ni pour la gauche, ni pour la société française : jusque dans la crise, *Libération* révèle l'état de ce qui l'entoure, de ce qui le porte ou l'emporte, et qu'il ne s'est jamais contenté de refléter. Son malaise est le mien, le vôtre, le nôtre, et finalement celui des autres : son avenir concerne aussi ceux que ça ne concerne pas.

5 mai 2004

LE TRAIN SONNERA DEUX FOIS

En fin d'après-midi, le train Thalys reliant Bruxelles à Paris est un fuseau chic et paisible. Des hommes plus ou moins d'affaires y consultent, d'un air de calviniste, des dossiers qu'on imagine austères mais essentiels ; d'autres clapotent ou repeignent leur fantôme devant l'ordinateur portable ; certains somnolent sur les miettes du travail à faire. Il règne un silence sans odeur et sans peine. Tout luit de confort et de sévérité. Le Thalys est un point d'eau mobile, d'une suavité presque abstraite. Quelques milliers de fauves européens, de type plutôt nordique, y boivent quotidiennement l'impossible détente.

Il y a dix jours, l'un de ces hommes dont dépend le je-ne-sais-quoi qui fait tourner le monde prend son portable et appelle un collègue. C'est peut-être son avocat, sa secrétaire. Il s'agit en tout cas d'un projet de contrat. L'homme parle fort, avec sérieux. Un costume légèrement froissé attendrit son visage dur, un peu chinois, plombé comme une lettre royale par le cachet de sourcils froncés. Quelques poils fleurissent dans les oreilles. La négociation lui pèse. Beaucoup d'argent semble en jeu.

« Je dois en effet quitter la réunion à midi demain pour accompagner le commissaire... Oui, le commissaire à Luxembourg... Mais il faut d'abord faire quelques corrections à la lettre. » Il tourne des pages, parle de plus en plus fort. Deux voisins ont cessé de lire ; les autres font semblant de dormir ; tout le monde est soumis au contrat.

Que le portable soit volé !

« Page 17, poursuit l'homme, *troisième paragraphe. Il y a écrit :* « in need for involvement. » *Il faut mettre :* « in need for deeper involvement »... *Oui, très important...* « Deeper involvement... Deeper ». » Son regard se lève vers les autres. Il est agressif, concentré, un peu condescendant ; il surveille l'effet de ce mot, *« deeper »,* avec une indifférence aiguë, peut-être feinte, comme si ceux qui le reçoivent malgré eux ne le méritaient pas. Nous sommes tous, soudain, les secrétaires de cet homme ; ses élèves, ses cancres. Nous devrions copier cent fois le mot « *deeper* ». C'est nous que l'homme vise, corrige et menace : il nous fait grâce de sa muflerie ; et, cependant, nous n'existons pas. Ou, plutôt, nous n'existons que comme esclaves de son importance. Pourquoi ne pas lui griller le poil des oreilles ? Nous sommes des enfants, et on ne joue pas avec des allumettes. *« Page 21,* poursuit-il, *second paragraphe.* « We are expecting inversions... » *Il faut mettre* : « urgent inversions ». *Oui, yourgent. C'est très important. »*

Il prononce les mots anglais lentement, avec une onction et un accent plus qu'américains, comme pour nous rappeler qu'il a fait ses études à Harvard ou à

Georgetown. Cet accent lui remplit la bouche : c'est sa gloire, sa vertu, son passeport. Autour, on se tait. Quand il éteint son portable, vingt minutes ont passé. Reste une heure de trajet. Certains passagers l'observent, mais il ne les regarde plus. Il est repu. Leurs regards disent : « Que le portable soit volé ; que le bavard soit amendé ; qu'on lui coupe la langue ; et que le sérieux disparaisse. » Mais le sérieux est là, dans le silence revenu, et il pèse.

Une femme rougit à mort

Deux fauteuils plus loin, un autre homme, âgé, très maigre, les cheveux roux en brosse et parfumé d'eau de violette, prend alors son propre paquet de feuilles mortes et utilise à son tour un portable. *« Oui,* dit-il à voix haute*, je t'appelle parce qu'il faut corriger une phrase de manière urgente… Oui, il faut que l'éditeur ait les corrections dès ce soir… Il les attend. »*

Sur leurs sièges, quelques passagers remuent pour manifester leur exaspération. Le vieil homme ne les regarde pas. Il dit *: « Voilà, c'est page 194… Je lis* : "Il la campe sur le lit la tête en bas et lui met son engin vorace dans le bec, l'enfonce jusqu'aux couillons." *À la place de* "vorace", *tu mets* "mollasse"… *Oui*, "engin mollasse"… *Il n'est pas vorace, justement, l'engin, puisque le type n'arrive plus à bander. Tu as trouvé ? Bon… Suite de la phrase… »* Les passagers semblent pétrifiés. Une femme rougit à mort. Certains ont repris leur livre ou leur magazine pour faire semblant de ne pas entendre. L'homme d'affaires prend un air exaspéré.

Où finit la grossièreté ?
Où commence la pornographie ?

Le vieil homme ne regarde toujours personne. Il dit : « *Un peu plus loin... Je lis :* “Il revient prendre les deux jambes de sa jouissance, se les campe sur les épaules et par ce moyen son museau se trouve absolument niché entre les fesses de la duègne ; sa langue se replace au fond de ce puits délicieux...” *Alors, à la place de* “museau”, *tu mets* “groin”... “Son groin se trouve”, etc. *Oui, c'est d'un porc qu'on parle...* » Il prend le même accent américain que l'homme d'affaires : « *Oui*, a fucking pig. *Donc, son groin. Et à la fin, à la place de* “puits”, *tu mets* “trou”... “Ce trou délicieux”... “Puits”, *c'est ridicule et déplacé. Du romantisme de merde. C'est un porc qui fonce dans un trou, voilà, alors autant l'écrire. Bon, tu appelles l'éditeur sans faute et tu lui dis que je serai là demain. Bye !* » Puis il éteint son portable, range ses papiers, se cale la tête contre la vitre et ferme les yeux. Autour de lui, les visages sont échauffés, mais tout le monde se tait.

L'homme d'affaires semble avoir honte de quelque chose, soudain, mais de quoi ? Il feuillette un dossier, lit sans portable, puis, comme pris de fureur, se lève et... C'est ici qu'il faut prévenir le lecteur : si la première scène fut vécue, la seconde est imaginaire. Les premières phrases ont été dites ; les secondes sont prises au hasard dans *Les Cent Vingt Journées de Sodome*, de Sade. Chacun conclura tout seul, comme il voudra, avec sa peine et son imagination. Il se demandera peut-être : où finit la grossièreté ? Où commence la pornographie ? Quel est dans ce train le plus obscène :

« deeper involvement » ou *« engin mollasse »* ? *« Yourgent inversions »* ou *« groin niché entre les fesses de la duègne »* ?

La colère…

Quant à moi, je pense à cette phrase de Bernanos : *« La colère des imbéciles remplit le monde. »* La colère et ses portables : la colère de l'homme d'affaires, du nerveux omnipotent ; sa morbide et grave colère ; sa vanité ; et sa misère au train. Bernanos écrit et répète cela en 1938, à propos de la guerre d'Espagne et de la montée du fascisme, au début des Grands Cimetières sous la lune : *« La colère des imbéciles remplit le monde. Il est tout de même facile de comprendre que la Providence, qui les fit naturellement sédentaires, avait des raisons pour cela. Or, vos trains rapides, vos automobiles, vos avions les transportent avec la rapidité de l'éclair. »* Le voyage devrait être plus qu'un déplacement : une disparition de soi dans la violence et la délicatesse ; en tout cas, un passage silencieux. C'est plus souvent l'exportation de soi-même comme un désastre. *Deeper*, urgent, l'homme d'affaires du Thalys est partout chez lui, avec ses mots et ses interlocuteurs fantômes autour de lui ; il voyage dans l'immobilité du maître, sans légèreté, dans une soutane de chiffres, comme un libertin bibliquement repenti.

15 décembre 2004

La lettre volée

Il y a quelques jours, dans une cage d'escalier couverte de crachats et de mégots, je suis tombé sur les morceaux d'une lettre abandonnée. La signature, l'écriture et le ton signalaient qu'une jeune femme d'origine africaine l'avait écrite à une amie restée là-bas, au pays, je ne sais où.

Elle l'avait sans doute relue, puis déchirée. Ensuite, elle avait dû jeter les morceaux dans une poche ou dans un sac. Deux d'entre eux avaient glissé. Ou alors, elle les avait semés sur les marches, en sortant, pour retrouver le chemin d'une relation qui, avec la distance, se relâchait. Mais on a beau semer en terre d'exil des lettres aux amis d'enfance, le pays perdu ne repousse pas. Les deux morceaux ne me permettaient pas de reconstituer la lettre. Ils étaient assez explicites pour que je puisse m'en faire une idée. Son auteur y parlait d'amour, d'amitié, de malentendus, de cadeaux.

Tomber par hasard sur la vie d'un inconnu que l'on ne verra pas, que l'on jugera peu, voilà une indiscrétion fertile – presque enchantée. On est de tout cœur avec celui qu'on viole comme en son sommeil. Parfois, dans le noir, il prononce un mot. Ce mot devient flexible. Il prend des sens bizarres. À cause du peu que nous sommes, nous le prenons pour tout ce qu'il n'est pas. On aime l'inconnu qu'on découvre par anfractuosité ; ses trous font rêver ; on les emporte avec soi et ils creusent en nous.

La jeune femme envoyait à son amie un sac Vuitton *(« une imitation »)* et des lotions « Belle Face ». Elle parlait de son *« chéri »*, qui voulait obtenir des choses qu'elle n'était pas prête à lui donner. Elle avait écrit son nom, son adresse (celle de l'escalier), et ses deux numéros de portable, en signalant que le second, *« privé »*, ne devait être donné à personne : les morceaux avaient donc bien été perdus.

Le premier signalait qu'elle était arrivée en France depuis quelques mois, que ce n'était pas facile ; mais le fond saisissait moins que la forme – et plus précisément l'orthographe. « *Alors*, écrivait-elle, *koi de neuf ?* » Et, plus loin : « *Maintenant nous sòm là.* » Puis il était question d'une bouteille de parfum, *« celle ke je tenvoie »*. Enfin, son *« chéri »* lui faisait des scènes qui la préoccupaient, car *« je ne sais pas ce kil me veut »*.

Depuis quelque temps, me suis-je d'abord dit, ces koi et ces kil se multiplient. Il n'est pas besoin d'être africain pour les utiliser. La phonétique raccourcit et simplifie : elle envahit les SMS. Il s'agit d'une phonétique non orthodoxe : « Quoi » devrait par exemple s'écrire « kwá » et non « koi ». Elle s'insinue aussi dans les mails. Une spontanéité assez vulgaire, à mi-chemin entre écrit et oral, prenant les vices de l'un et l'autre sans aucune de leurs vertus, y avance masquée sous couvert de sincérité. Malheureusement, la sincérité n'est pas l'authenticité, et le langage semble retourner à la base comme un idiot brutal et martyrisé : non pas sur l'établi, mais dans les forêts d'un bagne.

Koi, kil. Pauvre bois mort ou merveilles de l'inventivité populaire ? Des écrivains et des universitaires ne cessent de réfléchir à cette furieuse opposition entre langages écrit et parlé. Certains rêvent de l'impossible fusion. Céline est sans doute celui qui a le mieux agi, sans se raconter d'histoire. Sa synthèse créative est un génial artifice. Il utilise le langage parlé pour déboîter la langue écrite ; il ne le reproduit pas. Il n'écrit pas du tout comme on parle. C'est même exactement le contraire : il a fini par parler comme il écrivait. Dans son travail, tout débute et finit par le principe de délicatesse.

George Orwell a aussi pensé le problème. Il cherche dans la langue un peuple dont il déplore la disparition. C'est masochiste. Le peuple est toujours introuvable ; il est là où personne ne l'attend, et surtout pas ceux qui le cherchent. Il fait comme tout le monde : il bouge, s'adapte. Il s'appauvrit par ici, s'enrichit par là. Orwell craignait qu'un totalitarisme de masse ne réduise la langue populaire à sa plus simple – à sa plus terrible – expression.

À la fin de *1984*, il y a ce petit appendice : *Les principes du novlangue*. Il est toujours amusant – plus qu'inquiétant – de le relire. Orwell imagine un monde, l'Oceania, où le pouvoir simplifie la syntaxe. Les mots deviennent interchangeables, donc, pour la plupart, inutiles. La grammaire devient plus plate qu'une vie de bureau. La richesse et les nuances du langage disparaissent, et, avec elles, la civilisation. Les lettres cèdent la place au néant, les manipulations s'installent. Orwell n'a pas tort : moins de vocabulaire signifie moins de liberté. Malheureusement, l'inverse n'est pas vrai : la richesse du langage ne garantit ni l'étendue de pensée ni l'ouverture d'esprit. On connaît des rois du vocabulaire qui ne pensent qu'en base deux.

Aujourd'hui, beaucoup dénoncent une novlangue jeune et *sympa*, à base de misère psychosociale et d'interdits moralisants de toutes sortes. C'est possible. Je l'entends souvent à la télévision, à la radio, cette sous-langue. Je ne l'aime pas. Mais, ce jour-là, dans l'escalier, face à ces mégots, ces glaviots, ces koi et ces kil, un écrivain plus gai m'est venu à l'esprit. Il a écrit ce poème, *L'Ombre d'un doute*, qui débute ainsi : « *Je mdemandd squ'on fait icigo/Sur cette boule d'indigo/C'est pour la rime qu'on dit ça/Et c'est pour la raison sans doute/Que tout lmonde vasfairfoutre/En grand habit de tralala.* » Il en a écrit d'autres, de beaux vers pleins d'espièglerie phonétique. Peut-être avait-il trouvé, lui aussi, une lettre perdue. « *Koi de neuf ?* » Tout. Il s'en est amusé. Il a inventé. Il a écrit des textes dédiés à la pudeur des fautes. J'ai jeté les morceaux en songeant à Raymond Queneau. J'étais optimiste, soudain. Après tout, ça valait mieux kedseplaindr comme un kon.

12 janvier 2005

Le dîner tsunami

Pendant les fêtes, Gilbert a disparu. Deux jours avant Noël, il a dit aux amis et collègues (ceux qui voulaient bien l'écouter) : « Je pars en voyage » – sans préciser où. Personne ne le lui a demandé. Gilbert est un célibataire des villes. Son âge ne se voit pas. Il sent un peu la solitude, un peu la tristesse – pas trop : juste ce qu'il faut pour qu'on puisse faire semblant de l'ignorer, sans jamais l'ignorer tout à fait. La plupart des gens ne veulent à Gilbert ni bien, ni mal. Ils ne lui veulent rien. Ils le soupçonnent d'être un raté. Quand il est dans leur orbite, ils l'admettent, comme une bonne cause moyenne, un astéroïde de second ordre. Pour les vacances et pour le reste, ils l'oublient. Gilbert appartient à l'ordinaire de leur vie. Il est ton sur ton.

Gilbert rentre de voyage le 5 janvier, un peu après les autres. Le premier qu'il croise à la machine à café lui demande : « Alors, ces vacances ? » La question n'appelle aucune réponse – en tout cas, aucune réponse précise. En temps normal, Gilbert aurait répondu : « Très bien. En Dordogne, comme d'habitude. En famille. Au fait, bonne année. » Cette fois, il répond : « Agitées. » L'autre arrête son mouvement de départ, sa fuite molle : « Agitées ? Ah bon ? » Gilbert précise, du même ton : « J'étais en Thaïlande, à Phuket. » Il n'en dit pas plus. Il attend. L'autre pivote entièrement, remonte le courant de la fuite : « À Phuket ? C'est là où il y a eu le tsunami ? »

Gilbert regarde son collègue. Il emploie ce mot, tsunami, comme s'il l'avait toujours connu ; comme s'il vivait avec depuis la petite enfance. Voilà le monde moderne : on est brusquement intime avec des mots qui inquiètent, menacent, accablent, des mots qui viennent d'ailleurs, vous rentrent dedans et font du présent une éternité. Le collègue ouvre les yeux. Il vit, soudain. Ou plutôt, Gilbert vit en lui, Gilbert se sent vivre : la vague du tsunami le porte dans le regard d'un autre. Depuis combien de temps n'avait-il pas provoqué, senti cela ? Il est comme un lézard de sortie après l'hiver. Le tsunami l'a déposé sur la pierre. Il se chauffe.

« Et tu l'as vu, le tsunami ? » Le collègue ne met pas en doute l'aventure, mais n'y croit pas encore tout à fait. Gilbert devient précis : « Je l'ai vu de ma terrasse, au troisième étage. J'ai eu de la chance. Ce matin-là, je devais aller à la plage. Mais je me suis réveillé tard. J'avais passé la nuit avec une pute. Je buvais mon café en lisant un polar, les doigts de pied en éventail, quand la vague est arrivée. » Une légère grimace de dégoût passe sur le visage du collègue. Le mot « pute » jure avec la compassion et l'intérêt qu'il est prêt à éprouver. Là où le tsunami passe, le tourisme sexuel trépasse ; ou devrait le faire.

Mais l'intérêt est le plus fort : « C'est horrible… Tu as vu ça ? C'était comment ? » Gilbert laisse passer quelques secondes. À la télé, les efficaces font ainsi. Ils se composent une tête avant de l'ouvrir. « Eh bien, dit-il, d'abord c'était silencieux. Et puis – comment dire ? – ce n'était pas imaginable. Donc je croyais simplement que c'était une grosse vague. Seulement, plus elle approchait, plus je me sentais mal. Sans savoir encore pourquoi. C'est à la fois très rapide et très lent. Je ne sais vraiment pas comment dire… Je préférerais ne pas en parler. » « Bien sûr, bien sûr, dit le collègue, je te comprends. »

Très vite, le bruit court. On a un rescapé parmi nous. Gilbert l'entretient par des litotes, des airs souffrants. Il faut les appâter, les laisser venir ; les dégoûter aussi un peu. Gilbert s'aperçoit que l'image de la pute les soulage : ils peuvent l'écouter en le jugeant. Il est leur rescapé ambigu ; leur témoin de l'actualité. Elle aurait pu choisir un personnage plus brillant. Mais l'actualité ne choisit pas. C'est une sorte de grâce suffisante. On ne la mérite pas. Elle attrape le premier venu.

Gilbert est maintenant invité à déjeuner, à dîner. Personne ne l'invite ouvertement pour ça, les gens ont du tact, mais tout le monde attend qu'il en parle. Il le sait. Il en dispose. Il en jouit. Les journalistes, de retour de reportage, racontent souvent ce qu'ils ont eu le tort de ne pas écrire. Gilbert, de retour de Thaïlande, raconte aux gens ce qu'ils ont eu le tort de ne pas vivre. Certes, ils n'auraient pas voulu vraiment le vivre. Ils sont sincèrement horrifiés. Ils font des dons, parfois. Certains ont même pleuré devant la télé. Mais beaucoup auraient quand même aimé y survivre pour pouvoir le raconter. Pour être, une fois au moins, *là où ça se passe*. Ils ne veulent pas forcément être célèbres. Mais ils voudraient vivre un *événement* célèbre. Du moment que c'est en surplomb. Avec une caméra numérique.

Gilbert adapte ses récits aux repas. Quand les plats sont excellents, il n'insiste pas sur l'odeur et les cadavres. Il raconte la puissance de la vague, les corps qui passent, les objets trouvés. Il décrit le paysage, les premiers secours. Il se donne un rôle. Lui aussi a aidé, consolé, joué à la Bible. Mais il n'en rajoute pas : on n'est pas à la télé. Quand le repas est mauvais ou quand les hôtes l'agacent, il ne leur fait grâce de rien : ni des morts, ni des putes. Parfois, il raconte qu'il est retourné voir les secondes *après* le tsunami. Il n'était pas le seul, précise-t-il. Toute cette ambiance de mort finissait par faire bander. Il aime le silence, la gêne qu'il provoque. Il aime se sentir jugé. C'est une manière particulièrement délicate d'exister.

Gilbert sait aussi se taire, changer de sujet. Il a vite compris que le tsunami devait rester à sa place. Une grande place, bien sûr, mais qui ne devait pas occuper toute la table. Il attend qu'on l'interroge. Quand la conversation s'éloigne, il laisse faire. Elle reviendra. Elle ne cesse de revenir. Aucun dîner n'échappe au tsunami. Il finira par disparaître, mais Gilbert en aura bien profité. Il est cette phrase de Baudelaire, une oasis d'horreur au milieu d'un désert d'ennui. Par ailleurs, il n'est jamais allé en Thaïlande. Il a passé ses vacances à Paris, seul, chez lui. Il a regardé la télé et lu *Plateforme*, de Michel Houellebecq. Les écrivains donnent des idées à ceux qui les attendent.

19 janvier 2005

Cote de larmes

Jadis, les femmes des riches prenaient des bains de lait pour adoucir leur peau. Certaines actrices continuent sans doute à le faire. Le spectateur occidental contemporain, Little Big Brother, baigne nuit et jour dans les larmes. Il est possible qu'elles adoucissent ce qui surnage de conscience. L'actualité en images (mais aussi en textes) suit ce petit homme triste comme le nuage noir et pluvieux qui, dans certaines bandes dessinées, ne décolle jamais de sa proie mélancolique.

Il pleure dans mon cœur/Comme il pleut sur la grille (audiovisuelle) : les larmes deviennent les ombres de nos regards. Elles sont le grand lubrifiant de l'horreur du monde. Elles gonflent l'esprit de charité. Le chagrin y rejoint l'amour-propre en une perpétuelle cérémonie accablante et lustrale. Avec elles et en elles, chaque soir, Little Big Brother – vous, moi – finit au pied de la croix. La Vierge et Marie Madeleine l'entourent. Chacun pleure, pleure d'impuissance, pleure de si bien pleurer. Chacun finit par pleurer d'être si bon. Comme l'écrivait méchamment Laurence

Sterne[1], que le pathos exaspérait : « *Nous avons tous assez de force pour supporter les maux d'autrui.* » Assez de force, et assez de larmes. Sur le Golgotha mondain, le niveau monte. Plus il monte, plus chacun grimpe, plus les promesses de don augmentent. La décrue n'est pas annoncée. Elle ne doit pas l'être. Si les larmes adoucissent la conscience, elles n'affermissent ni la pudeur, ni l'instinct politique.

À l'arrière-plan de la croix, armés d'éponges à vinaigre, quelques inévitables Romains ricanent. Les États et les entreprises, ces Pilate rhétoriciens, se lavent les mains dans les larmes qu'ils font venir, comme certains acteurs, avec un professionnalisme opportun. Le tsunami, c'est bel ami : une « fenêtre d'opportunité » publicitaire, excellent cas pratique pour étudiant en école de commerce. Voulez-vous conquérir un créneau ou tuer un adversaire ? C'est le moment – pourvu que vous reversiez une partie des recettes au tsunami. Il n'est question que de donner ; il n'est plus question de ne plus pleurer : à l'image, l'œil sec est un cœur sec. Les anges et les crocodiles se multiplient dans le bassin majoritaire comme dans un Nil mythologique. Ils nagent ensemble. Ils sauvent des enfants perdus sur l'eau. L'inondation tue les corps et sauve les âmes.

Bernard Kouchner, la grande coquette œcuménique, n'est jamais loin – lui ou un autre, lui plus qu'un autre.

1. *La Nouvelle Revue française* de janvier lui consacre une partie de son numéro, avec des lettres inédites, des textes de Guy Jouvet et d'Enrique Vila-Matas.

Il lève les paumes vers le ciel. Il bénit la générosité des hommes. Il accueille les dons, enchante l'humanité, dénonce les cyniques. Qui sont-ils ? Ceux qu'inquiète la grande noyade dans l'esprit de charité. Non pas qu'il faille ne pas donner, ou ne pas se réjouir de voir naître tant d'âmes miraculeusement sensibles. Mais, quand les réjouissances deviennent si visibles, et les larmes si nombreuses, le cœur et la cervelle finissent naturellement par chercher un abri ; un endroit sec où ils pourront, enfin, réfléchir et se poser. Ce n'est pas moi qui le dis : c'est La Fontaine.

La fable s'intitule *La Matrone d'Éphèse.* Elle figure dans le dernier livre, le douzième. C'est plutôt un conte en vers. La Fontaine reprend une vieille histoire de veuve indigne. Les Grecs, les Romains et les Italiens l'ont déjà utilisée. Il en existe des versions théâtrales. La Fontaine prévient donc son public qu'il s'agit d'un vieux pot *: « S'il est un conte usé, commun et rebattu,/C'est celui qu'en ces vers j'accommode à ma guise. »*

Une jeune femme vient de perdre son mari. Elle l'aimait, elle le pleure, elle veut le suivre dans la tombe. Elle pleure tant que chacun lui suggère de se calmer un peu : la télé n'existait pas en ce temps-là. La Fontaine le résume par ces vers : *« Celle-ci par ses cris mettait tout en alarme ;/Celle-ci faisait un vacarme,/Un bruit, et des regrets à percer tous les cœurs ;/Bien qu'on sache qu'en ces malheurs/De quelque désespoir qu'une âme soit atteinte,/La douleur est toujours moins forte que la plainte,/Toujours un peu de faste entre parmi les pleurs. »*

Les deux derniers vers font mes délices. Ils devraient être inscrits en lettres d'or sur tout écran de télévision : à la place du bandeau funéraire de SMS, d'ultimes dépêches et d'indices boursiers. Trop de larmes tuent leur source ; trop de spectacle de larmes épaissit le spectacle. Quand on apporte la tête de Pompée à César, il pleure sur elle, sur l'ennemi estimé – et ce moment, conté par Plutarque, est l'un des plus beaux qui soient. Il est beau, parce qu'il est rare : on pleurait peu, à Rome, et surtout pas à tout propos. Il existe une splendeur et un don des larmes. Elles disparaissent sous leur propre inondation.

La jeune veuve ne veut entendre personne : elle rejoint le cimetière où son mari repose. Sa servante la suit. Non loin du tombeau, elles rencontrent un jeune soldat. Il doit surveiller un mort, pendu à une potence : si quelqu'un le détache, le soldat sera pendu à la place. Chacun s'afflige, se console. Peu à peu, le soldat attendrit la veuve. Il lui fait voir que la vie n'est pas si sombre, mérite sans doute d'être vécue. Il la divertit, l'enveloppe, la séduit. La servante les encourage. À la fin, la veuve et le soldat vont se consoler ailleurs. Quand ils reviennent, le pendu a disparu. Le soldat gémit : à l'aube, on le pendra. Aussitôt, la veuve propose d'accrocher à la potence le corps du mari qu'elle a si fort pleuré. Un nouvel amour chasse le chagrin né de la mort du précédent. « *Prudes,* conclut La Fontaine, *vous devez vous défier de vos forces.* » Quand elle pleurait à seaux son mari, la veuve n'était pas hypocrite. Elle était même tout à fait sincère. Mais elle le fut aussi en suivant le soldat. Les sincérités se succèdent : elles ne se ressemblent pas.

Certains préfèrent pleurer une tristesse et une bonté surexposées avec Bernard Kouchner. Quant à moi, je préfère pleurer tout seul, et rire avec les autres en relisant La Fontaine.

2 février 2005

Je ne me souviens pas

Quand j'étais enfant et adolescent, on parlait peu de l'extermination des Juifs d'Europe. Ni en classe, ni entre copains, ni à la maison. Devrais-je dire : on n'en parlait pas ? Sans doute non, puisque, si je ne me souviens pas d'avoir été marqué par un cours ou une discussion sur ce sujet, je ne me souviens pas non plus d'avoir tout ignoré.

Le mot shoah n'existait pas encore : c'est un vieux mot, mais c'est Claude Lanzmann qui l'a inventé. On disait plutôt, me semble-t-il : génocide. J'ignore si ce mot convient. Certains grammairiens du crime affirment que non. Il y a eu d'autres génocides, disent-ils, mais il n'y a qu'une shoah. Je le comprends, je l'admets ; mais, pour moi, génocide reste éclairant. Il brille d'une lueur unique. Ma modeste mémoire continue de l'associer à l'extermination des Juifs d'Europe. Je me souviens moins bien du mot holocauste – sinon par ce feuilleton, avec l'un de mes acteurs préférés, James Woods. Le mot holocauste recouvre mal celui de génocide. Ce n'est pas encore shoah.

Je me souviens également de ceci : on ne faisait pas de différence entre camps de concentration et camps d'extermination. Dans ma mémoire des années soixante-dix, il n'y a que la première expression : camps de concentration. J'ai l'impression que tout le monde s'y entasse. Prisonniers de guerre, prisonniers politiques, résistants déportés, Tsiganes, Juifs. Mais ce n'est plus qu'une impression. Entre-temps, j'ai lu les livres de Primo Levi, vu deux fois le film de Lanzmann. Je ne suis plus tout à fait ce que j'étais. Et vous ?

Si je veux être précis, je me souviens surtout de deux choses. Premier souvenir. Un été, en Angleterre, il y a dans notre groupe de collégiens un gamin de quatorze ans qui prétend haïr les Juifs, comme son père. Mon père dit que… Mon père dit que… Et il nous chante fièrement des chants nazis. À part ça, si j'ose dire, nous l'aimons bien et il séduit les filles. Son antisémitisme nous gêne, certes. Nous ne le comprenons pas. Mais nous le percevons plutôt comme une bizarrerie, une obsession un peu pénible qu'il faut bien passer à ce compagnon par ailleurs si apprécié. Si grande est alors notre inconscience… nous jugeons les autres selon des critères plus quotidiens, ou plus frivoles.

Second souvenir. Lors d'un cours sur les guerres de Napoléon, un camarade finit par s'indigner en disant : « Mais ce Napoléon, c'est un monstre. Il a tué des millions d'hommes pour satisfaire son ambition et ses caprices ! C'est un vrai petit Hitler ! » Cher camarade… que n'entendrait-il, aujourd'hui, pour d'aussi audacieuses comparaisons. Le sermonnerait-on ? L'expulserait-on ?

Ah ! J'allais oublier : ce camarade est juif. Mais nous avons quinze ans et nous nous en fichons. Je n'apprends d'ailleurs que bien plus tard qu'il l'est, quand il me le dit, et pour des raisons apparemment plus anecdotiques – me parler d'un voyage en Israël.

Pourquoi raconter mes souvenirs, tel un vieux con ? D'abord, parce que j'en deviens un. Ensuite, parce que ces souvenirs pourraient vous renvoyer aux vôtres. Réfléchissez : quand et comment avez-vous appris et pris conscience de l'extermination des Juifs d'Europe ? Qu'a-t-elle vraiment signifié ? Comment a-t-elle circulé en vous ? Je l'avoue : en ces temps lointains, j'étais insouciant et complexé, sérieux et irresponsable, généreux et mesquin. Je ne me sentais soumis à rien de plus grandiose que mes sentiments. Les professeurs que je respectais ou que j'aimais pouvaient m'enseigner ce qu'ils voulaient : je les suivais. Quant aux autres, ceux que je n'aimais pas, m'auraient-ils enseigné la Shoah que j'aurais ricané. Ou que je ne les aurais pas crus. M'aurait-on sermonné ? Expulsé ? Mis un bonnet d'âne ou d'apprenti bourreau sur la tête ?

Aujourd'hui, il est question de mettre la Shoah au programme. Bien. Je ne sais pas ce que peut signifier : faire cours sur la Shoah. L'événement est si énorme. Il a de telles résonances morales. Y aura-t-il des interrogations écrites sur Treblinka et Sobibor ? Tout cela me paraît étrange, un peu inquiétant. J'ai le sentiment que, sous couvert de Shoah, c'est un cours d'instruction civique pour enfants des classes dangereuses qu'on veut faire. Un cours à la fois morbide et plein de bonne mauvaise conscience.

Il est peut-être sain qu'on enseigne en cours, dès l'âge pas si tendre, ce que fut l'extermination des Juifs d'Europe ; mais, si l'école n'ouvre sur rien ; si le contrat social se défait ; si les élèves savent à peine lire et raisonner ; si les professeurs sont méprisés, dégoûtés ou méprisants ; si, en résumé, la société qui fait la morale au nom du plus grand crime est incapable d'assurer les conditions du salut civil de ceux qui écoutent ; alors, oui, j'ai quelques doutes sur l'efficacité – sur la vertu – d'un tel enseignement. Ce ne sera pas de l'éducation, mais du prêche. Et c'est rendre un assez triste hommage à ces millions de morts et aux témoignages des survivants.

C'est bien parce que les derniers d'entre ceux-ci vont bientôt disparaître que la question se pose : on quitte le témoignage pour entrer dans l'Histoire ; et, donc, dans l'enseignement de celle-ci. Or, cet événement précis pose des problèmes. Il est hors de proportion. Il sort du cadre, de tous les cadres. C'est un monstre d'événement. Comment le traiter ? l'enseigner ? Comment le faire passer en classe ? Je n'ai pas de réponse. Je n'ai que des questions, des doutes, et, précisément, ma défaillante mémoire. Et une certaine méfiance envers ceux qui ont de la shoah plein la bouche, et s'en barbouillent avec une onction d'évêque. Ce mot, je ne l'utilise jamais sans gêne ni discrétion. Il m'accable un peu. Il me contemple, de haut. Je lui appartiens peut-être, mais il ne m'appartient pas.

Primo Levi m'est plus familier. Lorsqu'on me demande quoi lire « sur » la Shoah, je réponds toujours, banalement : Lisez ses livres. Voyez *Shoah*, de Claude Lanzmann. Parfois, j'offre les premiers. Je n'ai rien de plus, de mieux à dire. Et je comprends soudain ce qui me gêne dans cet instinct commémoratif : une peur panique de l'oubli, de l'avenir, de l'inquiétante opacité du destin de ceux qui suivront. On ne veut pas d'un homme qui, avec angoisse ou brutalité, dirait : je ne me souviens pas.

16 février 2005

Les vieux costumes

Ce jour-là, sa femme est sortie, leur enfant est gardé et lui ne travaille pas. Il regarde l'appartement désert, mal éclairé par les lumières avares de l'hiver. Des bruits de ferraille motorisée montent du boulevard et mordent les fenêtres. Il a pris un jour de repos, mais comment en profiter ? Cette ville n'est pas faite pour ça. Ni ce monde, ni semble-t-il cette vie. Rien n'est vraiment fait pour ça. Et même, tout le refuse. Le repos, c'est l'inutilité. Qui voudrait être inutile ? Un petit hoquet de rage ou de faim, les deux sans doute, le secoue. Il aimerait que cette journée lui offre du nouveau, des souvenirs peut-être ; qu'elle ne soit pas une banquette crevée entre deux jours qui foncent, mais une ouverture, même légère, sur des lumières qu'il ne voit plus.

C'est un économiste de gauche qui crée des modèles financiers pour une grande banque. Il garde sa gauche pour lui et voyage en costume sombre. Il alimente un système qu'il n'aime pas mais qui le passionne. Il aime voyager, surtout dans les nouveaux pays européens. Là-bas, les gens le surprennent et le rajeunissent.

Ils le stimulent. Ceux qui l'emploient ici l'ennuient. Leur tristesse hautaine et leur esprit sévère étouffent le monde, comme du nankin, sous des fils de silence vernis. Il a beaucoup bu ; il ne boit plus.

Comment se reposer ? Soudain, une idée le soulève. Il ouvre le placard aux vieux costumes et le vide. Ils ne sont pas si vieux, ces costumes. Ils paraissent même presque neufs. Ils ne sont ni chics, ni laids ; belle coupe, bons tissus, d'une austérité passe-partout. Ce sont les peaux d'une vie à l'élégance à peine entamée. Il décide d'aller les vendre à côté de chez lui, à Paris, sous la station de métro Barbès : là où tout se vend ; où, d'ordinaire, le soir en rentrant de la banque, il achète aux revendeurs ses cigarettes.

Il pourrait donner ces costumes : il n'a pas besoin d'argent et ne va pas à Barbès pour en gagner. Mais, ce qu'il veut, c'est parler avec les autres : des hommes à la marge, des voleurs, des pauvres. Naguère, il en a connu. Il vient d'une banlieue populaire du nord de Paris. La gouaille n'a disparu ni de son accent, ni de son regard sombre et douloureusement vivant. Il y a de la hargne dans sa tendresse, de la révolte dans sa voix. Sa réussite est sans arrière-pensée, mais non sans arrière-goût. Quand il parle, c'est toujours un peu trop fort, comme du vieux bois grinçant sous le tapis. Quand il discute, il se replie un peu sur lui-même, comme prêt à bondir sur une force supérieure en nombre. C'est un homme sans tranquillité. Il entasse ses costumes à peine usés dans un grand sac en plastique et se dirige vers le marché aux voleurs. Il est joyeux, furieux, inquiet, enthousiaste. Sa démarche est animée par une certaine mélancolie sociale.

Il s'installe d'abord sous la voie aérienne. Les regards s'y bousculent entre les papiers gras. Il aime cette impression de décharge et de courant d'ombres. Les costumes se répandent sur le plastique. Un type s'arrête, renifle de haut. Il n'est pas rasé. À part les Asiatiques, ici, personne n'est rasé – comme si chacun devait porter sur le visage un crépuscule dont le reste du monde croit le voir jaillir.

– Tu vends quoi ? demande le type.

– Ben, tu vois : des costumes.

Le type fait une brève grimace.

– Mais tu vends quoi ?

– Des costumes, je te dis.

– Je m'en fous, de tes costumes. Tu vends quoi ? Des portables ? Je cherche un portable.

– Des costumes, putain. C'est tout. Tu me gonfles avec tes questions.

– Nique ta reum.

Il sent que le type ne le croit pas, qu'il se demande en s'éloignant pourquoi ce connard, avec ses costumes prétexte, ne veut pas vendre ce qu'il a vraiment volé. Une envie de scène sur le trottoir le chatouille. La timidité des costumes la réprime.

Deux jeunes femmes voilées se sont approchées. Elles regardent les costumes, puis le regardent, lui. Dans leurs yeux, il pourrait épeler cette phrase : « Encore un que le chômage a mis dans la rue. Il en est à vendre ses costumes. Pauvre mec, comment l'aider ? » Maintenant elles lui parlent, lentement, avec gentillesse. Elles veulent l'aider, lui indiquent trois boutiques où l'on achète les fringues sans origine fixe. Il remballe et les suit. Elles le conseillent, le consolent avec une tendresse discrète. Et c'est comme si la honte, pense-t-il, devait leur survivre à tous ; la honte, soulagée par une imprévisible caresse humaine.

Dans les boutiques, on ne veut pas de ses costumes. On les regarde à peine. On les lâche comme des serpillières ou des bouquets de fleurs fanées. Il voudrait parler. On ne l'écoute pas. Sa marchandise était son ticket d'entrée. Elle portait la vertu du commerce : le dialogue sans condition, et entre conditions. Ça ne marche pas. Ces costumes sans intérêt le rendent invisible, comme s'il les portait. Ils font des plis sous le désir qu'ils ne provoquent pas.

– Peut-être au bistrot, là, lui dit un vendeur avec une moue. Tu t'installes, tu paies un café et tu ouvres ton sac aux pieds. Le patron est au courant, tout le monde fait ça.

Il s'assied derrière un guéridon. Très vite, un jeune s'approche. Il porte des tennis griffées par la virgule, une casquette de basketteur célèbre, un anorak de champion de ski. Il vient d'une cité de Seine-Saint-Denis. Il cherche, à droite, à gauche. Il est détendu, agile. Il fait son marché.

– Tu vends quoi ?

– Ces costumes, là.

Le jeune s'accroupit. Il regarde très vite chaque encolure, d'un œil précis et indifférent, puis rejette chaque veste en silence. Il se redresse et conclut :

– C'est de la daube.

– Pourquoi ? Ils sont bien coupés, presque neufs.

– Ouais, peut-être. Mais ils valent rien : y a pas de marque.

Il l'a dit sans agressivité. L'économiste de gauche regarde le jeune s'éloigner d'un pas souple. Il rentre chez lui avec ses costumes. Ses mains flottent, soudain. Rien n'a eu lieu, sinon le prévisible. Il dépose le tas sur le parquet, comme pour le vendre à d'autres fantômes. Ils ne viennent pas. Il prend dans le frigo une grande bouteille de Coca, ouvre un paquet de cigarettes volé, revendu, clandestin. Il boit et fume en regardant l'île de tissu, infertile, au milieu du salon. Puis il défroisse et range un costume après l'autre, dans le placard initial, où tous rejoignent les mots qu'il aurait voulu dire, entendre, deviner, et qui sont de la même étoffe, invendable, que les rêves.

23 février 2005

L'INVITÉE

Ce garde du corps sans expression l'accompagne et c'est lui qui sonne. Elle se tient en retrait. Un homme d'une trentaine d'années leur ouvre. Il porte un costume sombrement sobre, un tee-shirt blanc sans marque et un tissu de barbe. Il est brun et comme nimbé d'une modestie publicitaire. Ce pourrait être un acteur en représentation ; son léger ventre et sa silhouette sans souplesse murmurent qu'il ne l'est pas. La satisfaction et une arrogance retenue se partagent son sourire. L'actrice est venue, mais il n'y croit pas encore. Elle se tient devant lui, jaillissant de l'absence, comme un idéal mort-vivant. Elle a ce regard qui ne voit pas, luisant, serein, glissant sur ceux qui ne lui apporteront jamais rien. Tombée de l'écran pour se retrouver là, soudain – comme malgré elle. Exactement ça, pense-t-il. Je ne la mérite pas, mais je me l'offre.

Pour son anniversaire, il a voulu cette créature dont il rêve et qui lui manque. Elle est son gâteau sans bougie. Il n'est pas malheureux d'une vie qui ne lui a fait défaut sur aucun plan, mais il aimerait exister davantage ; il n'y arrive pas tout à fait. Il manque quelque chose, en lui, autour de lui. Il ne sait pas de quoi il s'agit, mais il sent que rien, pas même son emploi lucratif d'agent de change, ne lui donne la solution. Certains jours, il a envie de tuer ceux qui l'entourent. Il s'allume et s'éteint dans une frénésie intéressée. Il est efficace. Il essaie d'être bon. Il lui semble qu'il fait rire les uns, rêver les autres. Il lui semble qu'on l'envie. Oui, mais cela ne suffit pas.

L'actrice et son ombre pénètrent dans l'appartement. Aussitôt, l'espace lui appartient. Elle repousse les murs, comme sans y penser. Une petite reine où qu'elle soit, pense-t-il. Elle est brune, étrangement minuscule, toute en rondeurs sentimentales. Elle a une sensualité sérieuse : on dirait une idée neuve, sage et tout en chair. Elle lui rappelle cette actrice française et internationale du début de siècle, Juliette Binoche – morte quand, déjà ? Au cinéma, c'est une amie, une sœur, une victime sauvée par la grâce. Ce soir, c'est l'invitée. Il lui dit :

– Vous savez que vous ressemblez à Juliette Binoche ?

– Qui c'est ?

– Une actrice française du début de siècle. Presque aussi belle que vous.

– Morte quand, déjà ?

Elle sourit à peine. Son sourire est un isolant. Il se retourne vers les invités pour voir leur réaction. Il se sent mal et ne les reconnaît pas ; mais eux l'ont reconnue. Ils n'osent pas le montrer – pas vraiment. Ils sont bien éduqués. Leur présence le gêne tant qu'il voudrait disparaître. Heureusement, ça ne dure pas. Il la regarde de nouveau. Putain, qu'elle est belle. Et pourtant on dirait une autre. Encore plus belle, peut-être. Plus réelle en tout cas. Il remarque d'abord ses défauts, les pores de la peau, le cul, un peu trop bas, puis il passe à travers eux et s'élève pour rejoindre la matière même de sa beauté. Cette résistance physique du fantasme le bouleverse. Il voudrait disparaître de nouveau, mais avec elle. Il ne lui dirait rien, ne la toucherait pas. Il attendrait que ça passe en lui servant du vin. Mais ce n'est pas dans le contrat.

Il n'a pas le mauvais goût d'annoncer l'actrice ou de la présenter. Ce n'est pas un bibelot. Les bibelots, désormais, ce sont les autres. Ils ne valent pas cher. Et ils le savent. Lui non plus, il ne vaut rien, mais ce soir il a payé. Il prend le manteau de cachemire bleu qu'elle ne lui tend pas, le donne à l'étudiante qui sert de valet pour la soirée. L'étudiante regarde l'actrice. Il croit deviner qu'elle voudrait ou lui ressembler, ou la tuer. Pourquoi pas ? Il demande à l'actrice :

– Vous voulez un verre de vin ? Nous avons un excellent bordeaux.

– Un jus de fruits, plutôt. Je ne bois jamais d'alcool. Vous ne le saviez pas ?

Il croit entendre : « Vous n'avez pas lu le contrat ? » Il répond à voix basse :

– Désolé, j'avais oublié.

– Ne soyez pas désolé, dit-elle un peu trop fort, mais servez-moi un jus de fruits. Il fait chaud, ici.

Le jus de kiwi frais dont elle a exigé la présence attend sur le buffet latéral. Depuis quelques décennies, les acteurs acceptent de participer à des soirées privées. Les prix varient selon les notoriétés. Ils sont toujours très hauts. Au début, les acteurs ne sont accessibles qu'aux hommes d'affaires, aux étoiles sportives, aux politiciens et aux truands. La mode a été lancée par des Américains. Des gloires de ce temps-là, comme Catherine Deneuve et Gérard Depardieu, reprennent chez nous la formule. Depardieu est mort, aujourd'hui. On dit que Deneuve, plus que centenaire, est toujours vivante. Elle habiterait un palais marocain, entourée d'une cour de vieux critiques célibataires, venimeux et pâmés.

Plus tard, les fêtes avec acteur deviennent si désirées que des gens se ruinent pour en faire une. Les étoiles tombent parfois sur des planètes qui ne sont pas leur genre. Elles exigent alors de leurs agents une enquête préliminaire. Elles veulent bien jouer ou chanter pour les pauvres, mais non pas côtoyer les moyens : leur culpabilité avide s'arrête là. Aujourd'hui, tout est écrit sur contrat. Menu, temps de présence, qualités et situations des hôtes et invités.

L'agent de change sait qu'il le vaut bien, puisqu'elle est là. Mais, maintenant, en voyant son patron approcher, il se rappelle qu'elle est aussi là pour autre chose : pour ces invités qu'il ne reconnaît pas. Ce sont, pour la plupart, les invités du patron. Sans eux, elle ne serait pas venue. Le patron le sait. Il est à deux mètres, maintenant. Il regarde cette actrice, qu'il admire aussi et qui ne lui a rien coûté. Il va s'en emparer. Il semble à l'aise, de la volonté dans de la soie. Le voilà qui sourit, et son sourire efface l'agent de change qui le présente malgré lui, et remarque que quelque chose en elle s'adoucit aussitôt. Une autre femme apparaît, une femme qui se sent chez elle, mais non chez lui. Et il la voit s'échapper, lui échapper, avec la soirée, les regards, le reste, debout dans son élégance d'employé payant et conquérant, près de ce garde du corps sans expression.

2 mars 2005

Les deux lejdanlucs

Aux Halles, un après-midi, près du gazon. Ils sont deux, jeunes, le corps replié sur une vaine recherche d'absence de froid. Le ciel est gris. Les casquettes paraissent des tremplins à méfiance. Elles sont déjà usées. Assis sur un muret de pierre, ils rouillent.

Rouiller, un verbe qu'on entendait beaucoup dans la banlieue lyonnaise au début des années 1990, du temps des émeutes de Vaulx-en-Velin. On l'entend peut-être encore. C'est plus qu'une expression : un bonheur d'expression. Il résume tout : le vide, l'ennui, la chiennerie du temps qui passe et cette oxydation sociale qui ne vous fait grâce de rien quand vous êtes un imbécile né quelque part au milieu de nulle part, et que d'autres enverraient bien se faire pendre ailleurs. Le temps est long, en banlieue. Il l'a toujours été. Je regarde ces deux-là et je me souviens d'un type qui, au lycée où je suis alors, a la troublante habitude d'être ingrat et manipulateur. Je le connais bien. Il me semble que nous sommes, sinon amis, du moins potes. Il vit dans une cité, comme tant d'autres. Un jour, il dépouille ma Mobylette. Bien entendu, je ne l'apprends que plus tard – par un autre pote. Je m'indigne :

– Mais enfin, pourquoi il a fait ça ?

– Pour te faire une crasse.

– Mais qu'est-ce que je lui ai fait, moi ?

– Rien. Il voulait juste te faire une crasse.

– Mais pourquoi ?

– Pourquoi ! Pourquoi ! On voit que tu ne t'es jamais emmerdé.

Sur le muret, les deux ont l'accent d'époque, ce guttural gourdin nord-africain abrasé et dégradé par la meule suburbaine. On dirait qu'ils cherchent à faire un coup, mais il n'y a personne, sinon les fantasmes qu'ils projettent et que les rares passants attrapent en accélérant très légèrement le pas.

– Ouah, t'as vu Bush à la télé ?

– Nan, j'l'ai pas vu.

– L'a dit que la liberté c'était une course de fond.

– Fils de pute ! Y a pas un céfranc qui nous prend à la course de fond. Course de fond, mon uque !

Ce mot, « uque », me rappelle une scène vue quelques semaines plus tôt. Un jeune va et vient dans une rue en hurlant à ses fantômes : « *Lejdanluc ! Lejdanluc ! Lejdanluc !* » Il me faut quelques secondes pour inverser les syllabes et comprendre : « Je l'ai dans le cul ! »

Sur le muret, les deux lejdanlucs poursuivent leur dialogue.

– Bush y dit qu'c'est Camus qui a dit ça.

– Qui c'est, c'Camus ? Un juif ?

– Un écrivain céfranc.

– Si Bush le cite, c'est un juif, j'te dis ! Fils de pute !

La phrase est en effet de Camus. Elle date de 1956. Elle est tirée de *La Chute*. En citant l'écrivain humaniste, Bush veut montrer à la vieille Europe qu'il lui rend hommage. C'est un peu lourd, mais, dans ce genre de rencontre, le moindre détail est un symbole. Il doit être facilement interprétable. Les scènes de réconciliation sont comme ça. On ne s'aime plus, mais on tente de refaire comme si, parce qu'il le faut bien. On a des griefs. On prend sur soi en guettant l'autre. Tout est sous tension. Le moindre geste, le moindre mot y est cerné d'arrière-pensées. Un baiser est l'ombre d'une morsure ; une caresse est une claque retenue. Chacun fait l'ange pour oublier la bête. Ce n'est pas de l'hypocrisie, mais de la civilisation. Seuls les brutes et les morts refusent la réconciliation.

Revenons au muret. Ils sont là, sur leur pierre. Ils ont parlé. Je passais par là. Je suis journaliste. Je l'écris. Ou je suis journaliste télé, j'ai une caméra cachée ; je les filme, peut-être ; ou je leur demande de redire la même chose pour la caméra. Ils le font peut-être. Dans les deux cas, que deviennent-ils ? Non plus deux imbéciles sur un banc, mais deux représentants. De quoi ? D'une communauté. De quelle communauté ? « Eh bien, me dit-on, les Noirs, là… ou les Arabes. Enfin, je ne sais pas exactement, je ne les ai pas bien vus. » En effet, puisque je n'ai évoqué ni leur peau, ni leur origine. « Mais enfin, me dit-on encore, cet accent, ces phrases, cette utilisation du mot "juif"… Vous me comprenez… Eux, quoi. » Je comprends. Je ne comprends que trop. Ils représentent ce que beaucoup, et de tous côtés, veulent qu'ils représentent. Les deux lejdanlucs ont des ennemis – et des amis – terribles.

On en est là, aujourd'hui. Le chaudron à caricatures se remplit. Il fume d'images de tous côtés. Maintenant, relisez la scène et réfléchissez. Que vous inspire-t-elle ? Comment croise-t-elle vos expériences, vos inquiétudes, vos préjugés ? Que faites-vous de ceux qui ont parlé ainsi ? Deux personnages ? Deux représentants ? Deux symboles ? Jusqu'où étendez-vous le sens et la portée de leurs propos ? N'avez-vous pas un peu envie de penser qu'ils *sont tous* comme eux ? Ou *presque* tous ? Que dans les cités, c'est ainsi désormais : Camus n'y est rien, sinon un « juif » de plus ? Éprouvez-vous du dégoût ? De la haine ? Une confirmation de ce que vous pensiez, ou sentiez, ou imaginiez ?

Maintenant, vous vous posez ces questions à fond, et vous comprenez à quel point vous n'êtes pas libres. Vous venez de lire un texte surdéterminé ; pressé par une série de clichés, de fantasmes, de représentations, de miroirs déformants ; et qui les véhicule allégrement. Cette scène n'a en effet jamais eu lieu ; ou, du moins, je ne l'ai pas entendue. Je n'ai vu que le jeune criant *« Lejdanluc ! »*. Je n'ai connu que le pote qui dépouilla ma Mobylette. Le reste, le principal, je l'ai inventé. Mais vous n'êtes pas obligés de me croire, ni dans un sens, ni dans l'autre. Êtes-vous libres ?

J'entends certains me dire : « Elle aurait pu avoir lieu, cette scène. Elle est malheureusement crédible. » Elle l'est peut-être. Mais elle est fausse. C'est une fiction. Pourtant, vous sentez bien qu'elle n'en a pas le statut. Le réel la guette et l'assomme. Le réel ? Non. Les images industrielles et spectaculaires du réel. Peu nombreuses, obsédantes, indéfiniment répétées. Sur leur banc, les deux lejdanlucs ne disent rien sur eux, ni sur les autres, ni sur Camus, ni sur Bush. Mais ils rappellent ceci : plus le réel s'enchaîne à des fantasmes, moins la fiction libère l'imagination.

23 mars 2005

Le mégot de Sartre

Quand il entra dans sa première classe de philosophie, au Havre en 1931, le professeur Jean-Paul Sartre dit à ses élèves de terminale : « *Messieurs, vous pouvez fumer !* » Et il sortit sa pipe. Ensuite, jamais il ne cessa de fumer. Ce n'est pas tout. Il buvait sec, prit souvent des amphétamines, aimait la bière, la choucroute et les jeunes femmes. Il aimait aussi fouetter les idées, faire danser les mots et caresser les nuits blanches. On dit qu'il jouait parfois du piano, la nuit, dans les boîtes de jazz de Saint-Germain-des-Prés : Jean-Sol Partre était aussi John-Paul Staccato. Comme il y a une morale physique, son corps finit par en payer le prix. Mais est-ce une morale ? Spinoza dirait plutôt qu'il s'agit d'un rapport entre l'intérieur et l'extérieur. L'extérieur finit par toujours l'emporter et la vie se recompose autrement. Les curés de toutes sortes n'ont jamais aimé Spinoza. Ils préfèrent le paradis, cet espace non-fumeur. Sartre n'ira donc pas au paradis. Il s'est bousillé. Entre-temps, il a tout de même écrit des œuvres majeures, secoué l'époque et, tout simplement, vécu. En résumé, il n'était pas un homme sain, mais il était vivant.

Une affiche annonce l'exposition de la Bibliothèque nationale de France (BNF) à l'occasion du centenaire de sa naissance. Sur cette affiche, une photo : Sartre à sa grande époque. Si l'on observe les doigts de la main droite, on devine que quelque chose ne va pas. Il flotte entre eux un espace qui n'est pas naturel – comme si la main tremblait. En 1945, Sartre était-il parkinsonien ? Non. Les organisateurs de l'expo ont simplement effacé un mégot. Libération précise, le 15 mars dernier, que le caviardage a été effectué par peur des poursuites. Sur pression du service communication de la BNF et de l'entreprise Métro-Bus. Emmanuelle Béguinot, présidente du CNCT (Comité national contre le tabagisme), s'en réjouit : *« On n'a pas besoin,* explique-t-elle, *de connaître Sartre par le fait qu'il fume. »*

On n'a pas non plus besoin de le connaître par le fait qu'il louche, ou qu'il boit, ou qu'il est petit, ou qu'il est laid. Mais il se trouve que Sartre louche, boit, est petit et laid. Et il se trouve qu'il fumait tout le temps. Certes, la vérité d'un homme – ou d'un événement – n'est jamais un besoin. Pour les fabricants de morale, elle est même souvent le contraire d'un besoin : un obstacle à moraliser en rond (de fumée). L'association des individus atteints de strabisme divergent, les défenseurs des personnes de petite taille ou les chevaliers de l'antialcoolisme devraient également traquer toute photo publique de Sartre soulignant son strabisme, sa taille ou son goût du whisky. Autrement dit, la plupart de ses photos. On pourrait alors les retoucher : lui redresser l'œil par-ci, le grandir par-là, lui glisser dans la main un verre de lait ou d'orangeade. On pourrait aussi le teindre en blond ; ou encore utiliser les images révélant sa vieillesse pour lancer une campagne contre l'usage des stupéfiants. Sartre, malgré lui, n'a pas fini de servir la cause du bien.

La déclaration réaliste-socialiste d'Emmanuelle Béguinot n'a donc rien d'étonnant : le réalisme socialiste ne cesse jamais de s'adapter, de se recycler. Il le fait toujours contre la vérité et la spécificité – au nom de la morale et de la santé du peuple. Il vit assez bien aux États-Unis, pays très idéologique. Un ami résidant là-bas me dit souvent que les États-Unis sont le seul pays où, sous une forme libérale, le communisme a réussi. Lucky Luke y a naguère troqué sa clope contre une brindille. Comme toujours, la France finit par copier le modèle américain si détesté. Il y a quelques années, sur un timbre, la cigarette d'André Malraux avait déjà disparu.

Les photos staliniennes étaient également retouchées. On n'éliminait pas les cigarettes, mais les hommes. L'ordonnateur des grandes purges des années 1930, Iejov, quitta ainsi une photo où il souriait près de son maître et de Molotov. Entre-temps, sa mission de bourreau remplie, il avait été exécuté à son tour. La disparition du mégot de Sartre est moins grave ; mais elle n'est pas anodine : il y a toujours quelque chose d'inquiétant – pour la liberté, la mémoire – dans ce travail d'effacement volontaire. La BNF est vouée à l'Histoire. Qu'une telle institution accepte de retoucher la photo qui lui sert d'affiche, voilà qui rend nerveux et donne envie de fumer. Car fumer tue, sans doute ; mais oublier ne permet pas de vivre. *« On n'a pas besoin de connaître Sartre par le fait qu'il fume »* : cela veut sans doute dire qu'il vaut mieux le connaître par le fait qu'il écrit. Certes. Mais il serait regrettable de le connaître par le fait qu'il ne fume pas.

Emmanuelle Béguinot devrait désormais s'en prendre à Dom Juan, la pièce de Molière. Chaque année, collégiens et lycéens la découvrent en masse, à l'école et au théâtre. Rappelons qu'elle débute par un monologue où Sganarelle fait l'éloge du tabac : *« Quoi que puisse dire Aristote et toute la philosophie, il n'est rien d'égal au tabac. C'est la passion des honnêtes gens, et qui vit sans tabac n'est pas digne de vivre. Non seulement il réjouit et purge les cerveaux humains, mais encore il instruit les âmes à la vertu, et l'on apprend avec lui à devenir honnête homme. »*

La pièce date de 1665. Molière s'y fait l'écho d'un débat alors très en vogue : fumer – ou priser du tabac – est-il bon pour la santé ? Les médecins étaient partagés. Ils ne le sont plus. Il est donc tout à fait scandaleux que des théâtres subventionnés représentent la pièce de Molière sans en retrancher le début. « On n'a pas besoin de connaître Sganarelle par le fait qu'il aime le tabac », pourrait-on dire. On conseillera également aux amis du bien de retirer *La Conscience de Zeno* des œuvres complètes d'Italo Svevo ; du moins, dans les bibliothèques publiques. Certes, le personnage principal de ce chef-d'œuvre tente d'arrêter de fumer. Mais, justement, il n'y parvient pas. Si l'écrivain était vivant, on lui demanderait volontiers de revoir sa copie ou d'en écrire une version light pour la jeunesse. Les morts sont vraiment des irresponsables. En son absence, je propose qu'on insère sous le titre, en lettres capitales, ce modeste encart : lire tue.

11 mai 2005

À L'OMBRE DES CASQUETTES EN FLEURS

À main droite, la collégiale romane. Un long et vieux prophète biblique a survécu sur le tympan aux guerres de Religion. Sa silhouette d'une minceur mystique s'allonge et fixe l'ombre de ce qu'il fut. À main gauche, le jardin public. Il aboutit aux vieux remparts dominant le vert puissant de la vallée. Autour, la forêt. On est en semaine, dans une petite ville du centre de la France. Cette petite ville est d'une beauté immobile et parfaite sous le ciel noir. Elle se prolonge en dehors de l'Europe et en dehors du monde. Sa langue morte parle à merveille le langage du temps perdu. On l'a nettoyée comme une grammaire d'apparat, un latin tacite, pour l'exemple et pour mémoire. Simplement, des gens vivent encore là.

Certains agissent, ont même des enfants. D'autres ont l'air de survivants. Leurs corps font des plis. Ils marchent dans les rues comme abandonnés par leurs vies. Ils parlent seuls. Ils regardent les vitrines d'un œil terne ou coléreux. Ils sentent l'alcool. Ils semblent vidés sur la pierre, comme des poissons. Les métropoles

les avalent et les digèrent. La petite ville les distingue et les remarque.

Il est 17 heures. Les boutiques sont ouvertes. Quelques touristes aux silhouettes informes font des photos sous la pluie. De nombreux retraités vont et viennent, de la pâtisserie au café, de la librairie au supermarché, de la boucherie au magasin orthopédique. Un petit restaurant couvert de tissu affiche un menu gastronomique à 30 euros, avec cailles, omble chevalier et foie gras. Dans un ancien hôtel particulier du XVIe siècle, la mairie propose des activités aux nombreux inactifs : jeunes, chômeurs, retraités. Les séances de jeux de rôle y côtoient les stages de couture et les journées de randonnée.

Dans la rue principale, il y a une agence immobilière. Deux femmes téléphonent derrière la vitrine. Elles ont les cheveux courts, décolorés, lisses et bombés. Elles portent des lunettes à monture juvénile, un pantalon et une veste de tailleur. Elles sourient. Contrairement à la plupart des habitants, elles ne sont ni grosses, ni déformées, ni recourbées, ni ralenties. Pourquoi les agents immobiliers féminins de province se ressemblent-ils tous ? Ils sont les éléments spéculateurs de la ville. Ils séduisent l'acheteur de résidence secondaire, l'homme à portefeuille venu de l'extérieur. Ils caressent la modernité : ce sont les muses immobilières du département. Depuis toujours, la rue principale s'appelle la rue de Paris.

Les vieilles maisons et les antiques boutiques prolongent ici le souvenir balzacien au-delà de toute limite. Leur charme naît d'un mélange de désespoir et de tranquillité. Tout une littérature classique les suit dans la rigole. Il faut venir ici pour en éprouver les vertus, les beautés, les regrets. La petite ville de province est la dernière oreillette d'un cœur qui ne bat plus dans un gros cœur qui abat tout : le puissant, le terrible muscle de la mondialisation. La petite ville retient son souffle, comme un tout petit œil du cyclone. Mais l'œil a la cataracte, et le vent s'est glissé dedans.

Dans la rue, il y a aussi des adolescents. Réunis en petits groupes, perchés sur leurs scooters luisants, dos recourbés, ils jettent des regards sournois sur les adultes qui passent. Comme s'ils n'osaient pas se venger de l'injure que le monde leur fait. Quelle injure ? Regardons-les. Bien entendu, ils portent des casquettes : uniforme universel du front bas ; du joueur de base-ball sans batte, sans balle, sans soleil et sans gloire. Les casquettes, dans cette petite ville, pourraient sembler incongrues. Mais elles occupent peu à peu le crâne des marginaux, des chômeurs, des chasseurs, de tous les jeunes mâles ventrus. Elles sont finalement si nombreuses qu'elles rendent tout le reste incongru. Elles rattachent les adolescents sans mémoire, sans exemple, au monde du dehors : à la matrice dont ils rêvent d'après produits audiovisuels manufacturés. Ces produits leur affirment qu'ils forment une tribu persécutée. Ils le croient. La croyance commercialisée n'apparaît nulle part aussi sourdement que dans cette petite ville du centre de la France.

L'injure qui leur est faite, la voici : on leur doit le monde et ils n'en portent que la casquette. Ils sont cloués, comme de vulgaires jeunes hommes-sandwichs, d'inutiles gargouilles face à la collégiale soigneusement restaurée et au long prophète de pierre qui les contemple de son regard sans iris. Qu'éprouvent-ils exactement, tandis que les adultes s'agitent plus ou moins autour d'eux ? Une certaine inutilité nerveuse ; une bêtise sensible. Balzac a décrit cela dans *La Rabouilleuse*, l'un de ses romans les plus sauvages.

Il évoque le retour d'une désastreuse expédition américaine d'un jeune homme jouisseur et mal éduqué, Philippe Bridau. À vingt ans, Philippe devient un demi-solde sans occupation. Il traîne de rue en bar, plein d'énergique égocentrisme. Il *« se regardait comme persécuté,* écrit Balzac. *L'effet de cette opinion est de rendre les gens sans intelligence persécuteurs et intolérants. Pour Philippe, l'univers commençait à sa tête et finissait à ses pieds, le soleil ne brillait que pour lui. Enfin, le spectacle de New York, interprété par cet homme d'action, lui avait enlevé les moindres scrupules en fait de moralité »*.

L'ombre du regard de Philippe Bridau erre dans le regard de ces adolescents singeant le pire de l'Amérique au cœur de l'Hexagone ; l'ombre, seulement. Ils n'ont pas été blessés à Waterloo. Ils n'ont pas tenté de conquérir le Texas. Ils n'ont pas comme Rimbaud quitté Charleville. Mais ils en rêvent, à leur façon. Ils rêvent de rôles, télévision et Internet aidant, à l'ombre des casquettes en fleurs. C'est leur grand produit de substitution : il remplace la vie, l'action, les personnages. Il remplace la mortalité, la géographie, l'éternité. Sur place, une basket dans l'image et l'autre dans la tombe, les voilà donc, mi-Bridau, mi-Rimbaud, pétrifiés dans Charleville, dans n'importe quelle ville, dans la jolie petite ville rendue au néant par la marche du monde.

13 juillet 2005

L'ARGENT

Comme sa mère allait bientôt mourir, cette comédienne lui demanda si elle acceptait de raconter sa vie. Il lui fallut du temps pour la convaincre. La mère avait été comédienne, elle aussi. Elle ne savait trop quoi dire sur sa vie. Elle n'y avait jamais pensé. Le bonheur ne se raconte pas, et le reste, tout le reste... Pourquoi se rappeler tous ces morts qui s'entassent ? Sans doute aurait-elle pu dire : le bonheur est tellement égoïste qu'il ne se partage pas, et le reste, tout le reste, a déjà été partagé. On ne parlait pas plus dans cette famille que dans d'autres, plutôt moins. La mémoire est un couteau trop bien ou trop mal aiguisé ; on ne sait pas s'en servir.

Cette comédienne se demandait si sa mère la rangeait dans la catégorie bonheur ou malheur. Elle n'osa jamais le lui demander. C'était une question idiote. La mère rappelait à la fille qu'elle vieillissait. La fille rappelait à la mère qu'elle avait vieilli. Elle avait peur que celle-ci lui réponde : « Dans quelle catégorie je te range ? Mais je ne sais pas. Quelle question ! Dans les deux. » Elle l'aurait dit avec un sourire léger, charmant, presque absent.

Depuis quelque temps, la fille s'était aperçue qu'elle ressemblait de plus en plus à sa mère. Elle lui ressemblait d'abord par les défauts : cul lourd, hanches larges, déformation grossière de la silhouette. Liftings et trainings n'y faisaient rien : le vieillissement rejoignait la vieillesse en chassant l'élégance. Au passage, il réveillait autre chose : plus cette comédienne vieillissait, plus elle aimait l'argent.

Il fallait qu'un étranger interroge sa mère : une personne neutre, étrangère, une sorte de croque-mort en empathie. On lui proposa cette journaliste emplie d'une délicatesse un peu sèche. On lui dit qu'elle avait une plume, et elle le crut. La presse n'était qu'une ombre désagréable et nécessaire. Cette journaliste avait une silhouette, de l'allure, un début de style. Elle mordait sans aller jusqu'au sang. Elle avait été dure, insouciante, d'un implacable bon goût. La vapeur de ses sensations se cristallisait peu à peu. Elle effeuillait son indifférence. Elle dépliait sa sensibilité carrossée. Son sourire frémissait, s'ébréchait. Une ombre de menace la caressait. Elle apprenait lentement à vivre, à se salir : elle aussi vieillissait. Elle accepta la mission par curiosité, par défi, par orgueil – et par nécessité.

Cette comédienne ne la vit qu'une fois et ne l'aima pas. Elle ne l'aima pas pour cinq raisons : elle était jeune ; elle était journaliste ; elle entrait dans son intimité ; elle la servait ; elle serait payée. Aucune des cinq raisons ne l'emportait sur les autres. Mais la dernière fut celle qui s'imposa. La journaliste demandait 15 000 euros. C'était le tiers de ce que gagnait cette comédienne en quelques minutes à la moindre apparition publique. Mais elle sentit que, pour la journaliste, c'était beaucoup. C'était donc trop. Cela seul lui aurait suffi à refuser. Un autre sentiment, dit-on, l'y poussa : comme la plupart des célébrités habituées à être désirées, flattées, servies, elle craignait toujours qu'on la trompe. Elle ferma son visage, se parfuma de mépris et négocia. Finalement, elles s'accordèrent sur 10 000 euros : la moitié aussitôt, le solde à la remise du texte. Ensuite, la discussion dura un quart d'heure. La comédienne était pressée de voir cette femme débarrasser le plancher. Tout l'argent que le monde lui prenait sonnait à son cœur comme des années en trop, des regards en moins. Elle accumulait comme si elle avait pu, un jour, payer d'un coup pour remonter le temps.

La journaliste fit son travail. Deux fois par semaine, pendant six mois, elle rendit visite à la mère de la comédienne. Elle l'écouta, lui posa des questions. Peu à peu, elle entra dans sa voix. Elle épousa ses silences. Elle apprit à ne pas insister, à être patiente. La mémoire n'était pas un récit. On y pêchait comme dans un lac glacé, trou après trou. Ce qui n'avait pas été dit au moment où elle l'attendait le serait plus tard, autrement, ou ne le serait pas. Le travail était une décantation. Il avait le sens d'une acceptation. Quand ce fut fini, la journaliste écrivit le texte à la première personne. C'était un texte à l'os : les souvenirs de la vieille femme réduits à l'état de faits, sans commentaires ni psychologie. La journaliste ne s'était pas senti le droit d'apparaître ; elle n'était que la portée, le nègre de ce fantôme.

Elle avait rendez-vous à midi chez la comédienne pour lui remettre son travail. Quand elle arriva, celle-ci lui dit aussitôt : « Mais nous avions rendez-vous à onze heures et demie. Vous êtes en retard, et moi, je n'ai plus le temps. Donnez-moi le texte. Je vous appellerai. » À peine assise, la journaliste se sentit congédiée. Elle se dit que cette comédienne manquait de savoir-vivre. Celle-ci ne la regardait pas, elle ne lui offrit rien, pas même un verre d'eau. Pourtant, il faisait chaud. La journaliste eut brusquement l'impression d'être une domestique à qui l'on refuse ses gages. Quand elle eut tourné le dos, la comédienne la regarda sortir et puis l'oublia. En lisant le texte, le mépris et l'angoisse de la somme due revinrent. Elle n'aurait su dire ce qui la scandalisait le plus : de ce qui était écrit, de ce qui ne l'était pas, du prix qu'elle avait accepté pour obtenir ça. Elle ne pouvait s'en prendre ni à sa mère ni à elle-même. Elle trouva que la journaliste ne méritait même pas ce qu'elle avait déjà reçu. Une fois de plus, elle avait été trop faible, trop aimable. Elle se sentait entourée de menteurs, de prédateurs, de kilos et d'années excédentaires.

Elle tomba sur le répondeur de la journaliste. Elle en fut rassurée, même si elle commença par prétendre le contraire. Sa voix était suave et naturellement calculée, comme surplombée par d'excellents avocats.

Elle dit à la boîte vocale que le texte était superficiel, anecdotique, bâclé ; que n'importe quelle lycéenne de dix-sept ans aurait pu en faire autant ; qu'elle avait cru, à tort, employer une journaliste ; et que, le contrat n'étant pas rempli, elle-même se sentait libérée de ses obligations financières. Et, quand elle raccrocha, elle se sentit vengée.

17 août 2005

La loi du marché

Son appartement parisien ayant été vendu à la découpe, cet homme de cinquante ans s'installe en banlieue, où il avait juré de ne plus mettre les pieds. Il vivait dans cet appartement depuis vingt-cinq ans. Il y était attaché. Il a toujours payé son loyer sans discuter. Il croyait avoir de bons rapports avec le propriétaire, qui effectuait le minimum de travaux, et avec ses voisins, qu'il aidait à l'occasion. Beaucoup étaient locataires comme lui. Ensemble, ils formaient une communauté plutôt courtoise. Il avait fini par penser que tout cela lui donnait des droits moraux sur l'appartement. Vivre en société civilisée, n'est-ce pas aussi cela ? Son loyer n'était pas élevé, si on le comparait à ceux qu'établit la fameuse loi du marché, mais il n'était pas si bas : il ne parvenait pas à penser qu'il était un « privilégié », comme le lui serinaient par voie de presse les aboyeurs de l'immobilier.

Un jour, des hommes en costume, aux regards de voyous, se sont répandus dans les escaliers. Ils ont téléphoné aux gens. Ils ont frappé aux portes. Ils ont commencé à faire des travaux dans les parties communes. Ils ont annoncé la vente à des prix démesurés. Ils étaient brutaux, ricanants, odieux. Ils ne faisaient même pas semblant d'être civilisés. À celui qui lui faisait face, une sorte de pied-noir à la moue détestable, il a répondu en riant, avec un peu de nervosité :

– J'ai vraiment l'air d'un roi du pétrole ?

– Ne le prenez pas comme ça, monsieur. C'est la loi du marché.

– Des gens comme vous, il faudrait les éliminer.

Et il a refermé la porte. Ces crapules de l'immobilier, a-t-il dit le soir à sa femme. Ces cafards. Que font les hommes politiques ? Pourquoi vote-t-on ? C'est ça, la démocratie ? Elle s'est d'abord tue, puis elle a dit : « Eh bien, nous déménagerons en banlieue. Nous pourrons enfin acheter. À notre âge, ce n'est pas trop tôt et ce n'est pas un drame. Nous aurons enfin quelque chose qui nous appartient. »

Six mois plus tard, c'était fait.

La banlieue lui rappelle son enfance, sa jeunesse, les flaques sur les trottoirs déserts, tous les embryons de l'ennui. C'est un grand berceau gris, une casquette de plomb froid, une haie de troènes qui sentent la pisse de chat, des alignements de villas remplies de chiens surprises, des voisins qu'on ne voit pas et qui n'existent pas, des rues crottées sans magasins ni couleurs, des attentes de bus sous la pluie, de pauvres albatros humains claudiquant sur le bitume inhospitalier. C'est un horizon sans ligne de fuite qui signifie douleur, angoisse et médiocrité. C'est aussi l'endroit où les invités se perdent.

La vie se passe au centre, se dit-il. Tout le monde vit en banlieue, mais la banlieue n'existe pas. Donc tout le monde meurt. La banlieue est une maladie infantile, et il vient de l'attraper une seconde fois.

Le nouvel immeuble est neuf et il sent la lavande qui parfume les W.-C. Le cinéma en version française n'est pas loin. Il y a un restaurant chinois au prochain carrefour. La boulangerie, on peut y aller à pied. Le supermarché n'est qu'à cinq minutes en voiture. Et puis, comme ils disent tous, Paris n'est qu'à dix minutes en RER. Comme dans son enfance, les voisins sont invisibles et inexistants. Quand on les voit, ils parlent du temps ou des nuisances. Le voilà revenu dans le grand cimetière vivant de la classe moyenne. Il se sent deux pieds dans la tombe.

Le soir de l'emménagement, il dit à sa femme : « Je déballerai les cartons. J'irai chez Ikea et dans les réunions de copropriétaires. Je planterai les clous, je repeindrai le salon, je déboucherai les chiottes. J'enverrai des lettres recommandées au promoteur quand on découvrira les malfaçons. J'irai chercher les croissants le dimanche avant le footing. J'irai faire pisser le chien. Je ramasserai ses crottes le long des platanes de l'avenue. J'inviterai les voisins de palier à un apéritif. Je protesterai auprès du gardien s'il y a du bruit. Je ferai tout ce que je dois faire, mais je te demande une chose. Je ne veux plus jamais entendre parler de la loi du marché. » Elle répond en souriant : « C'est une expression que je n'emploie pas. »

Il fonce vers la cuisine pour croquer dans une tablette de chocolat aux noisettes, mais il n'y en a plus. Les gosses ont tout bouffé. Sales petits cons.

Ce soir-là, il prend une décision. Chez lui, il ne le fera pas : on doit la paix à ses invités. Mais si, dans un dîner à l'extérieur, quelqu'un prononce « la loi du marché », il se lèvera et s'en ira. On ne pourra pas le retenir. Et si ça provoque une brouille, tant pis ; ou plutôt, tant mieux. Il regarde le yucca et le ficus qu'ils viennent d'installer et murmure : « Le temps de la guerre est venue ! »

Dans la nuit, il ne parvient pas à dormir. Il se lève, prend une bière dans le frigo, s'installe dans le canapé. Certains comptent les moutons pour trouver le sommeil. Pour s'énerver, il décide de faire l'inventaire des situations où il a entendu ces mots, « c'est la loi du marché ». Peu à peu, il s'éveille de surprise, de rage. Chaque souvenir est un petit jet d'eau froide et d'indignation. Aucun dîner entre amis n'a échappé à la sinistre expression. Ils l'ont tous dite, ces cons – lui compris. Les uns s'en plaignaient ; les autres s'en vantaient ; tous l'admettent comme une seconde nature, un destin. Tu as vu le prix des loyers, c'est la loi du marché. Notre appartement a déjà fait une sacrée plus-value, c'est la loi du marché. Je vaux tant, c'est la loi du marché. Non seulement ils l'ont dite, mais, le plus souvent, une fois évacuées les imbécillités d'usage sur les gosses, le travail et le dernier navet populaire, ils n'ont même parlé que de ça. Ils y revenaient sans cesse, passionnés, inquiets, enfantins. Ils ont presque toujours conclu par ça – comme si rien d'autre ne comptait vraiment. Et c'est bien le cas, se dit-il. Nos vies se résument à ça : jouer au plus fin ou à la victime avec la loi du marché.

Il a fini sa bière. Il regarde la bouteille comme un astre mort, à recycler. Il se sent fatigué. Il a l'impression de mériter la banlieue. C'est la loi du marché.

7 septembre 2005

La fin des avions

Tout le monde fait comme si de rien n'était, il faut bien que tourne la machine à vendre et à décerveler (le faut-il vraiment ?), mais on y est presque. Si la planète respire encore à cette date, il devient raisonnable de penser que dans vingt, trente ans au plus, faute de carburant il n'y aura plus d'avions. Ce sera ensuite le tour des ouatures, comme écrivait Queneau. En attendant, il est étrange de voir ce monde sacrifier chaque jour un peu plus son avenir à l'idéologie de la croissance, pulsion économique et récurrente d'adolescent paniqué. On dirait un troupeau d'enthousiastes vachettes courant vers la falaise, dans la poussière et la chaleur, sous la conduite de cow-boys industriels. Il paraît que cette sensation de course à l'abîme relève de la névrose apocalyptique ; il se pourrait que la névrose ne soit pas dans la sensation, mais dans son déni ; la névrose, et son revers cynique. La culture de l'énergie est devenue une affaire trop sérieuse pour être laissée aux industriels. Mais l'homme n'est pas sérieux.

Un ciel sans avions, donc. J'en rêve souvent, physiquement. Pas vous ? J'en rêve la nuit par temps de canicule, quand le séchoir de la ville me saisit, m'enveloppe et m'étouffe au son des tambours. Le ciel est vide ? Je respire mieux. Je sais ce que je perds ; j'ai tant voyagé : Dieu est mort, les avions volent et la terre m'appartient. Cependant, je sens ce que je gagne : Dieu ne revient pas, la terre prend ses distances et je me sens plus libre.

Les aéroports et les voyages sont de plus en plus pénibles, contraignants. Ils emprisonnent, infantilisent, réduisent. Ce sont d'épouvantables centres d'inertie. Plus la foule s'y agglomère, plus la solitude s'y dépose, comme une sorte de poussière vitrifée. L'angoisse est partout et son lard l'accompagne : mauvais livres, mauvais magazines, mauvaises sucreries, mauvaises pâtisseries, mauvaises haleines. Les dames avec serpillières nettoient ; elles n'effacent rien. Par temps de masses, les aéroports nous rappellent au néant. Vingt mille lieues sur les airs... et leurs avions sont les torpilles chargées de rêves plus ou moins amorcés qui vont mourir n'importe où, comme prévu, en général sans exploser.

Le train, le vélo, la marche, voilà ce qui me soulage. Je redeviens rousseauiste malgré moi. Je me bats pour perdre du temps. Je marche une heure plutôt que de prendre un véhicule. Je m'allonge près de la rivière, dans l'air frais. Les hommes s'en vont, les insectes volent, les pensées viennent. Elles n'ont ni sens, ni projet. Elles n'ont que peu d'intérêt. Elles ne m'aident qu'à vivre et à contempler la nuit étoilée. Je la contemple donc. J'essaie de retrouver des impressions d'enfance, de jeunesse, et cette foi physique et désespérée en l'infini que Fray Luis de León, au XVIe siècle, sut mettre en mots dans l'un des grands poèmes du Siècle d'or espagnol, *Noche serena*. Naïveté ? Sans doute. Naïveté, mais respiration.

Aujourd'hui, le ciel affiche complet. Il tourne, comme du vieux lait. Il manque d'air et de *terra incognita*. Les songes qu'on y projette ont pris des allures de passagers clandestins. Attendons demain, pourvu qu'il vienne. Dans vingt, trente ans au plus, il n'y aura plus d'avions. Ou peu. La masse touristique, en tout cas, n'y aura plus droit. C'est une bonne nouvelle. Si les voyages forment la jeunesse, ils répandent surtout les imbéciles. Les imbéciles, c'est vous, c'est moi : la force du tourisme de masse est d'avoir monté l'individu contre lui-même ; et d'avoir fait un chromo de la nuit étoilée. Le touriste, c'est toujours l'autre. L'individu touristique profite donc de ce qu'il dénonce. Mais l'opération a un prix : ce qu'il voit, il l'a déjà vu. Il l'a vu de toute éternité. Il achète les retrouvailles avec l'objet accablé de regards.

L'individu touristique est un enfant bien nourri. Bien guidé, il vole vers ailleurs, en formation d'oies, pour se sentir libre et se sentir maître. Il le fait selon les règles qu'on lui impose à domicile : emploi du temps serré, rentabilité organisée, obsession des objectifs à atteindre. Il en veut pour son temps, son argent. Il exporte les règles et il rentre content. Parfois, son cœur est un peu lourd. Quelque chose manque, mais quoi ? Il ne saurait le dire. La machine le reprend, l'avale. On n'est là que pour s'épuiser et mourir.

Rêvons un peu, c'est gratuit. Sans avions, les voyages se mériteront de nouveau. Ils devront être voulus, pensés. Ils présenteront des risques. Ils exigeront du temps. Ils seront des chemins plus que des destinations. Et ils seront souvent immobiles. On en fera moins. On en fera peu. On restera chez soi et peut-être apprendra-t-on de nouveau à regarder autour de soi, et, pourquoi pas, à imaginer des pays lointains en marchant. En patientant. Ou en lisant : Bouvier, Michaux, d'autres encore. Ailleurs est partout s'il est d'abord ici même, là où l'on est, au saut du lit. Ailleurs surprend. Les chemins y sont moins faits d'obstacles à détruire que d'étapes à prolonger.

Au début des vacances, j'entendais à la radio un sociologue du tourisme, Jean-Didier Urbain, expliquer sur un ton plein d'une nuance réjouie les bienfaits de cette industrie de masse. Urbain, il l'était. Et tellement humaniste, optimiste ! Le tourisme de masse, expliquait-il, est un facteur de découverte, d'enrichissement et d'amitié entre les peuples. Un dictateur des terres ensoleillées n'aurait pas dit mieux.

Plutôt que les effets, au demeurant pervers, sur l'économie d'un pays, on conseillera à cet Urbain-là d'examiner, et même d'expérimenter, comment évolue et s'abaisse la mentalité des individus au contact des centuries d'Occidentaux en short et sandales. Par exemple, à Cuba. Ou en Tunisie. Ou en Birmanie. Ou dans tant d'autres pays. Le tourisme de masse est une métaphore et un effet de la croissance. Comme elle, il est une machine à ne pas penser – à reporter les problèmes. Mais a-t-on jamais vu des sociologues dénoncer la matière qu'ils ont choisie ? Trop d'entre eux sont devenus les casuistes, les jésuites du monde en gros. Ils semblent être là pour le mettre en cases et ne pas le désespérer. Une certaine sociologie, la plus visible, est l'ennemie mortelle de la littérature : non pas un sport de combat, mais une mauvaise crème de massage. Au bout du compte, elle est comme un ciel plein d'avions ; elle n'aide pas à vivre.

14 septembre 2005

LE SIÈGE 17 B

Il a passé le mois d'août sur la Costa Brava, c'est fini, et basta. D'un bout à l'autre du voyage, sa casquette ne bougera pas. Il l'a clouée sur son crâne avant d'entrer : le car, l'aéroport, l'avion, les autres. C'est son casque, son heaume, son protège-nerfs, épaules rentrées et chevalerie du sous-sol.

Ses yeux sont des bouts d'olives andalouses, bien enfoncés dans les orbites avec noyau dedans. Il est brun. Son visage est anguleux, mal rasé. Quand il regarde quelqu'un, on dirait qu'il doit faire un effort pour comprendre qui lui fait face et pour sentir qu'il n'est pas utile de l'affronter ; mais cet effort est déjà en lui-même un affrontement. L'air est si dense et si sauvage.

Mais pour l'instant, il ne le sent pas. Il ne regarde pas les autres et semble détendu. Sa belle-mère et ses deux fils l'accompagnent. Il a vingt-cinq ans au plus ; c'est un jeune père. Les garçons sont petits. Ils se battent, grimpent sur les sièges, pincent leur grand-mère, sautent dessus. Elle les menace d'une voix grave, cassée par un demi-siècle de tabac. Ils n'écoutent pas.

Ils bousculent les voisins comme s'ils n'existaient pas et vivent comme si leur père n'était pas là.

Parfois, il les regarde et murmure d'une voix sèche : « Je rêve. Quand ta mère le saura, elle va hurler. » Ils jouent les sourds. Il secoue sa jambe droite, regarde le vide, se lève, disparaît, revient, l'air absent ; un grand frère, mais sans autorité. La grand-mère menace de nouveau les enfants. Il les regarde encore et, cette fois, sous la visière, luit une infinie tendresse que personne ne remarque, pas même lui.

Il avait demandé à l'hôtesse de sol que les fauteuils soient regroupés par deux : lui avec un gamin, la grand-mère avec l'autre. Elle s'est à moitié trompée. La grand-mère est bien à côté de l'aîné, mais un siège sépare le père du cadet. Son fils a le 17 A, près du hublot. Il a le 17 C, près du couloir. Il installe l'enfant, puis s'assied à sa place, discipliné. Le vide du 17 B trône entre eux. Quand le passager sera là, il lui expliquera et ils échangeront leurs places. Il regarde défiler les têtes avec curiosité.

Des créatures de fin d'été remontent le couloir en nombre. Elles sont minces, blondes et dorées ; leur âge n'a plus d'importance. Des limaces de lèvres dégoulinent vers la salade qui sert de régime à leurs ambitions d'actrices. Leurs yeux ne fixent personne : un public et une rangée de spots imaginaires les ont rendus myopes. Elles se branlent à froid dans les regards des autres.

L'une des blondes s'arrête devant lui. Elle est bien vêtue, un peu moins maigre que les autres. C'est une bourgeoise. Elle fait la moue, tend l'index vers le 17 B, sans regarder le père ni l'enfant :

– C'est ma place.

La voix est passée à la râpe à mépris. Il regarde l'index de cette femme. Au bout, il y a une main sèche et froissée. Cette main lui passe au-dessus comme tenant du bout des doigts une baguette et un chiffon sale. Le chiffon, c'est lui. Son visage se tend comme une peau de lampe.

– J'le vois, que c'est vot'place. Mais j'avais d'mandé des places regroupées. J'comprends pas. C'est quoi l'embrouille ?

– Je ne sais pas et je n'y peux rien. C'est ma place. C'est ma place.

– Hein ? J'pige pas, là.

Les autres regardent de biais. Que se passe-t-il ? Il y a cette vieille salope qui ne fait aucun effort, et eux qui la reluquent comme si elle avait perdu à la courte paille. Il parle trop fort, maintenant. Il patine.

– Y a un truc qui m'échappe, là. J'avais d'mandé des places regroupées. C'est quoi, l'embrouille ?

L'accent suburbain se renforce, creuse l'ornière. Il enfonce des portes à droite, à gauche. Les autres n'entendent que ça. Ils ont oublié le gamin, la légitime demande. Il n'est pas dans le ton. Il a raison, mais il a tort.

Maintenant, il les voit vraiment. Ils ne se ressemblent pas entre eux, sauf sur ce point : aucun ne lui ressemble. Cette dissemblance est compacte et brutale. S'il devait le dire… mais il le dit – à sa façon.

– J'pige pas, là. C'est quoi, l'embrouille ?

Ses mots n'analysent pas les situations ; ils sont produits par elles ; ils les subissent. Comme les sourires et les baffes, ils font partie de l'action. Physiquement, ils sont plus justes.

Les autres l'observent avec une discrétion de plus en plus hostile. Aucun ne se comporte comme lui. Dans l'aéroport, c'était imperceptible : ces gestes plus suaves, qui ont l'air faux, ou ces pas de gestes du tout ; ces voix plus basses, bizarrement posées ; ces manières de mise à distance et ces regards qui ne regardent pas ; qui voient, oui, mais qui ignorent. Ou alors qui fuient, comme si ça les gênait. Ou qui ricanent en douce. Il a soudain l'impression que son regard pue, et coupe, et que sa bouche dit ce qu'il ne faut pas. Mais que faudrait-il dire ? Que dit-il de spécial, sinon que, face à cette salope, il est dans son droit ?

Il ne lui viendrait pas à l'idée de tomber la casquette et de baisser la voix. Au contraire ! Don Quichotte a raison de ne jamais sortir sans sa lance, sa rosse, sa salade et ses discours. Son existence est à ce prix. Rien n'est plus triste que les chapitres où il est dépouillé. Lui n'a jamais lu *Don Quichotte*, mais il se souvient d'une bande dessinée où les gens le regardaient, sale, battu, maigre, ridicule, encagé comme un fantôme en chemise de nuit. Don Quichotte finit mal.

– Ce n'est pas mon problème. C'est ma place.

La blonde a retiré sa main. Elle le fixe comme un dessous-de-tapis. Une hôtesse espagnole arrive. Sa présence et sa langue étrangère défont le nœud : pour un instant, on n'est plus en France. La femme regarde l'hôtesse et accepte aussitôt d'échanger les places. Elle prend le 17 C. Il s'est assis au milieu, près de son fils. Elle met d'épaisses lunettes de soleil, sort un magazine, abaisse l'ombre d'un rideau de plomb. Pendant le vol, il se lève pour aller aux toilettes. Elle ne bouge pas un pied. Il se contorsionne, l'enjambe, l'évite. Au retour, elle ne bouge toujours pas et il recommence ses manœuvres sans rien dire. Elle n'enlèvera ses lunettes qu'à la descente d'avion.

21 septembre 2005

Maîtres et chiens

Depuis quelque temps, les chiens occupent ce parc de la banlieue parisienne. En général, ils sont gros, agressifs et plutôt laids. Il a le sentiment qu'un dieu mauvais a donné vie aux statues canines gardant le perron du palais d'un tyran assyrien. Le seul palais, ici, fut bâti pour un ministre affamé de Louis XIV ; il lui arrive de rêver qu'il est son jardinier.

De chiens, il n'en a jamais eu. La ville en fait des innocents condamnés, même et surtout lorsqu'on a l'impression qu'ils pourraient vous tuer. Il ne veut pas leur coller son angoisse et craint de ne pas savoir leur communiquer sa joie.

– Un chien, ça doit vivre dehors et à la campagne.

Il avait quarante ans lorsqu'il a commencé à venir dans ce parc ; il en a soixante-dix. C'est un beau vieillard, avec une élégante écume de cheveux gris et blancs et une barbe lui donnant l'air de ce qu'il n'est plus, un marin, ou de ce qu'il n'est pas, un prophète. Ses nuits sont devenues brèves, mais il reste en bonne santé. Il court cinquante minutes, une heure, sur un rythme lent et régulier, parfois seul, souvent en compagnie d'amis – ceux qui n'ont pas disparu. Courir avec les copains, c'est mieux : la foulée rythme le dialogue qui allège la foulée. Ceux qui ne courent pas ne comprendront jamais le sens de cette amitié-là, née entre souffle et semelles. On ne parle pas de la même façon. On ne se dit pas les mêmes choses. Les corps fatiguent en troupe selon rite ; ils conduisent les muscles et les sentiments. Il faut avoir éprouvé l'horreur de la solitude et l'ennui d'une existence grise de corvées pour jouir ici de la présence des autres et, pour une fois, de la liberté qu'ils vous donnent. Courir, c'est retrouver l'enfance – celle qu'on n'a pas eue.

– Le peloton des copains se réduit. Bientôt, je parlerai tout seul. Et puis je ne parlerai plus.

Le parc est l'endroit, le seul endroit peut-être, où depuis trente ans il respire. C'est son Éden partagé. Il l'a vu changer, accueillir les saisons, perdre ses peupliers sous la tempête, se remplir de nouvelles têtes, se vider aussi.

Au début, les hommes de trente à soixante ans ne venaient que le week-end. Le reste du temps, comme lui, ils travaillaient. Une fois à la retraite, il est venu courir en semaine. Il a découvert que des humains de n'importe quel âge se promenaient ici à n'importe quelle heure. Ils étaient toujours plus nombreux. On ne pouvait pas dire qu'ils se promenaient : ils erraient plutôt, en jetant des regards bizarres sur les hommes, les bassins, les cygnes, les arbres. Ils donnaient l'impression de flotter dans la menace, de n'être jamais à bonne distance. Certains parlaient au vide. Un jour, l'un d'eux s'est laissé enfermer dans le parc et il a tué les cygnes dans la nuit ; l'un d'eux ?

– On n'a jamais su qui avait fait ça. Mais c'était bien l'un d'eux. L'oisiveté les rend fous.

La mort des cygnes a déprimé les habitués. En ravageant le parc, la tempête elle-même les avait moins touchés. La beauté du lieu était atteinte en son cœur ; on en voulait à leur bonheur ordinaire.

Après les chômeurs, ou presque en même temps qu'eux, les chiens sont arrivés – ces chiens-là. Les premiers leur appartenaient : aux chômeurs, ou aux « autres », beurs, voyous. Ils patrouillaient dans le parc en gardiens du néant tirés par leurs molosses. Le monde des pelouses leur appartenait ; il devenait une sorte de camp d'invectives. Ils aimaient s'en prendre à ceux qui ne leur ressemblaient pas, mais finalement pas à lui, car il était déjà trop vieux. Dans son enfance, les curés lui avaient mis en crâne des tirades de Racine. Quand les « autres » passaient, il pensait aux chiens de pierre assyriens, mais aussi au songe d'Athalie. Les vers remontaient avec l'horrible saveur d'un rutabaga. *« ... Des lambeaux pleins de sang, et des membres affreux,/ Que des chiens dévorants se disputaient entre eux. »*

Maintenant, quelque chose a changé. Les propriétaires de chiens d'*Athalie* ne sont plus ni les chômeurs, ni les « autres » – plus seulement. Ce sont des types de trente à quarante ans, blancs, propres sur eux, cheveux courts et musculature travaillée. On sent qu'ils travaillent, se sentent dedans. Ils n'ont pas le regard des égarés ni celui des « autres ». D'une certaine façon, ils n'ont pas de regard du tout ; ils ne regardent pas. Ils sont brutaux, absents et détendus – comme enveloppés d'une sorte de tranquillité fasciste.

Leurs chiens ne sont plus tenus en laisse. Parfois, ils courent vers les coureurs, les enfants. Ils s'arrêtent à quelques centimètres de leurs proies, comme si un dernier soupçon de sympathie animale les empêchait de finir le travail humain. Leurs maîtres les rappellent, d'une voix sèche et indifférente, sans même regarder celui qu'ils ont effrayé. Ils ont l'odeur du plus fort.

La première fois, un rottweiler a foncé sur lui. Légèrement paniqué, il cesse de courir. Le chien le renifle en grognant. Le maître s'approche, sans se presser. C'est l'un de ces jeunes blancs-mecs.

– Je vous rappelle, lui dit-il, qu'ici les chiens doivent être tenus en laisse.

Il sourit, parle d'une voix douce. On lui a enseigné la courtoisie réflexe ; le conflit lui fait horreur : il se sent ou lâche, ou sauvage.

– Quoi ? dit l'autre.

– Eh bien, il pourrait faire peur et blesser quelqu'un, votre chien.

– Tu veux que je te casse la gueule, vieux con ?

Il reste muet, planté comme un arbre devant son bûcheron. S'il insiste, le type va vraiment lui casser la gueule sans scrupule ni hésitation, il le voit. Il le laisse partir.

La seconde fois, c'est un berger allemand. Le maître est du même genre que l'autre, en plus jovial peut-être.

– Dans ce parc, vous savez que les chiens doivent être tenus en…

– Oh, hé, tu la fermes, papy, d'accord ?

La main du type mime un bec qui se ferme. Il le laisse partir, lui, sa main, son bec, son chien. Que faire ? Il se sent brusquement trop vieux pour le monde où des hommes si jeunes, si ordinaires, civilisés, dit-on, peuvent le traiter ainsi, en miliciens, et lui plonger la tête manches retroussées dans une baignoire d'impuissance, de soumission, de honte, jusqu'à ce qu'il ne puisse rien avouer d'autre que la mort qui l'attend.

26 octobre et 2 novembre 2005

Le pauvre mousquetaire

Depuis quelques années, d'Artagnan n'était plus certain de croire en la vertu du service public ; mais il croyait encore moins au salut par le contraire. Le service public était devenu le pire des régimes, à l'exception de tous les autres. D'Artagnan travaillait précisément dans l'agence d'une grande entreprise de service public, à O..., centre de la France. Il voyait les mentalités, générale et particulières, se dégrader. On demandait aux gens d'ici d'être ce qu'ils n'étaient pas, ne pouvaient pas être et ne seraient jamais : des peaux de cul de chagrin, serrées de rigueur, tendues sur des baleines de parapluies anglo-saxons. Usagers et employés se regardaient pourrir dans le confort et la honte d'être trop mous, beaucoup trop indolents, misérablement sensibles à l'air du temps. À l'agence, les uns étaient le miroir des autres, et maintenant on voulait briser ce miroir.

D'Artagnan répondait à ce destin moyen et menaçant par la douceur et une délicatesse d'enfant triste qui ne collait pas à son physique puissant. Ses collègues l'appelaient ainsi à cause de sa barbiche, de sa stature, de sa musculature naturelle et de ses longs cheveux noirs ramenés en arrière. Et aussi, finalement, parce qu'il avait la noblesse sentimentale d'un mousquetaire au service de l'État. Tous pour un, un pour tous, voilà qui lui semblait une bonne devise pour le service public dont il avait rêvé.

La plupart de ses collègues puaient sous les aisselles, portaient d'affreuses chemises à carreaux, sortaient en groupes de mecs après le bureau pour aller boire de la bière. La présence des femmes et de tout signe de féminité les gênait. Tout changement leur semblait une déclaration de guerre ; toute subtilité, une preuve de faiblesse. Ils haïssaient les homosexuels. Plus ils se sentaient menacés dans leur condition de petits employés de province, plus ces caractéristiques s'accentuaient. Ils s'acharnaient à ressembler à la caricature que faisaient d'eux ceux qui voulaient leur fin. D'Artagnan avait conscience de cette mécanique ; elle le blessait et le fragilisait.

D'Artagnan n'aimait pas ses collègues, mais il aimait l'histoire de France. Il la lisait pour rêver, et pour oublier. De la fenêtre de son bureau, il voyait la cathédrale. Souvent, une brume froide l'enveloppait. Entre deux entretiens avec un client généralement mécontent, il regardait ses flèches. Elles le tranquillisaient. D'Artagnan était sensible à la beauté gothique.

L'entreprise allait être bientôt privatisée, comme le reste, comme tout le monde. La vie n'était-elle pas devenue un immense solde des consciences et des corps ? L'entreprise allait être bientôt privatisée, mais pour l'instant elle ne l'était pas. La mission, ou le fantasme de la mission, ou son mythe, demeurait. Tant mieux. D'Artagnan trouvait qu'il valait mieux croire en cette mission, même dénoncée, même frelatée, même épuisée, plutôt qu'en une sorte de minable intérêt personnel exclusivement doublé d'ennui. L'idée de l'argent et de l'ambition ne lui permettait pas de respirer. Le sentiment du travail bien fait passait encore chez lui par le souci des autres. Il sentait qu'autour de lui on trouvait ça gentiment médiocre, mais il ne parvenait pas à renoncer. Il plaignait ceux qui adhéraient aux valeurs d'un monde qui ne voulait plus d'eux.

D'un milieu populaire du nord de la France, il avait vu chez ses parents et leurs amis les effets de la pauvreté, de la course au crédit, de la chute. La plupart étaient devenus de vieux enfants obèses et irresponsables. Moins ils avaient, plus ils exigeaient – sans presque jamais rien obtenir, évidemment. À la fin, ils étaient animés par une espèce d'envie haineuse qui, comme un nuage montant de l'une de ces usines désormais closes, envahissait tout.

Consultés, les milliers d'employés de l'entreprise avaient nettement refusé la privatisation. Bien entendu, elle aurait quand même lieu. Le vote, aujourd'hui, n'était pour ceux qui l'organisaient qu'une balle à blanc, une fastidieuse formalité. Avoir l'air démocrate était une manière efficace de ne pas l'être. Les dirigeants ne croyaient en la démocratie que dans la mesure où elle appuyait leurs choix. Par temps de capitalisme total, le citoyen était leur poids mort. Heureusement, son ennemi très intime, le consommateur, le dissolvait. L'idéal aurait quand même été que les gens ne votent plus et ne décident de rien.

Un mois avant la consultation, d'Artagnan hésitait encore. Il n'était pas opposé à la privatisation. L'important, c'était la mission. Si elle pouvait être remplie autrement, essayer valait peut-être le coup. Il sentait que l'entreprise était, en l'état, à bout de souffle. Il n'aurait certainement pas dit que ses employés étaient des privilégiés. Mais il voyait que l'esprit n'y était plus et que les résistances des plus anciens n'étaient qu'un dernier caprice. Peu à peu, il n'y avait plus ici que les inconvénients cumulés du public et du privé, une sorte de bureaucratie tapissée d'égoïsme. Par ailleurs, d'Artagnan détestait les syndicats. Ceux qui, autour de lui, en faisaient partie ne semblaient vivre que pour défigurer l'idée de combat social. Les uns, par posture ; les autres, par soumission. Les syndicats faisaient comme tout le monde, ils survivaient en attitudes et sans conscience.

Il allait voter oui à la privatisation quand eurent lieu les réunions organisées par la direction. On leur passait une vidéo dans laquelle celle-ci paraissait, en quelque sorte, expliquée aux enfants – à l'idée niaise qu'on se fait des enfants. Comme les autres, il sortit furieux, ricanant et humilié. Comment faire confiance à des gens qui prenaient si peu de soin à masquer leur mépris ? S'ils étaient aussi psychologiquement nuls, au nom de quoi penser qu'ils faisaient les bons choix pour l'entreprise ? Le pire était que ces gens devaient croire qu'ils avaient séduit et flatté leur personnel. Dans quel monde vivaient-ils ? Après tant d'autres, d'Artagnan se demanda si ceux qui les prenaient à ce point pour des imbéciles méritaient vraiment de passer pour intelligents. Et il vota non.

Comme la grande majorité des employés, d'Artagnan vota non à la privatisation de son entreprise. Il le fit en sachant qu'elle finirait par avoir lieu. Le vote était la dernière expression collective d'un espoir couvert de rage désenchantée.

Un an plus tard, sa femme fut mutée dans la ville de K., à l'autre bout de la France. Elle n'avait pas le choix et fut exaspérée de voir qu'il hésitait à demander un changement de poste. Il se sentait fragile ; elle le trouvait mou. Malgré la vulgarité machiste de ses collègues, malgré l'atmosphère de plus en plus déplorable, il avait du mal à quitter sa région de O. Elle déterminait ses habitudes, ses fantômes et jusqu'à ses regrets. Le climat gris et froid, la lourdeur des gens, cette atmosphère dans laquelle la conscience et le corps épaississaient sous un confort angoissé, tout lui manquerait. Il se sentait déjà nu.

Il ne comprenait pas cette idéologie contemporaine du changement permanent. Pourquoi un homme que tout attachait à un lieu deviendrait-il un déchet ? D'Artagnan se sentait un imbécile né quelque part. Il était trop délicat pour en être fier mais trop sentimental pour en avoir honte, et trop sensible pour feindre de l'oublier. Ce n'était ni une chance, ni une fatalité ; c'était son état. Il finit par demander sa mutation dans la ville de K. À O., ses chefs le méprisèrent de suivre une femme. Ils n'aimaient pas ceux qui partaient.

L'entretien d'évaluation, à K., dura deux heures et demie. Deux hommes l'accueillirent : le chef de département, qu'il appela Numéro un, et son éventuel futur chef de bureau, qu'il appela Numéro bis. Le premier avait une quarantaine d'années ; le second, une cinquantaine. Ils étaient souriants, détendus. Ils commencèrent par l'interroger sur sa vie. Dans l'entreprise, d'Artagnan avait subi assez d'humiliations pour être méfiant. En général, les nouveaux chefs étaient soit des coqs libéraux, soit leurs kapos. Aucun d'entre eux n'avait de grande valeur humaine. La douceur de l'entretien le détendit. Il parla de lui, de sa famille, de sa femme. On lui demanda pourquoi il voulait ce poste. Ma femme vient d'être mutée à K., expliqua-t-il d'abord. Les deux cessèrent de sourire et changèrent de ton. Numéro bis dit :

– Mauvaise réponse ! C'est du poste que vous devez parler. Le poste ! Le poste ! Vos problèmes familiaux, on n'en a rien à faire.

Numéro bis avait dit : rien à faire ; mais son ton, légèrement râpeux et gras, signifiait : rien à foutre. D'Artagnan était bouleversé, énervé contre lui-même. Comme toujours, il commençait par être victime de sa naïveté ; il arrivait souvent qu'il finisse aussi par là.

Ils lui demandèrent ensuite pourquoi il avait choisi de travailler dans l'entreprise. Il répondit qu'il croyait dans le service public, dans la vertu du travail bien fait, dans l'unité du territoire et dans les vertus sociales de sa fonction. C'était bête comme une récitation, mais il y croyait. Cette fois, les deux explosèrent.

– Mauvaise réponse ! dit Numéro un. Nous sommes une entreprise en situation de concurrence. Nous sommes là pour être rentables et faire des bénéfices. Nous ne voulons plus entendre ces discours sur le service public. Ce sont des vieilleries. Vous êtes trop jeune pour être dépassé.

– Vous êtes… vous êtes… un humanisse ! renchérit Numéro bis. Et nous n'avons pas besoin d'humanisses.

D'Artagnan sentit que Numéro bis ne saurait pas trop définir un humaniste. Le mot, il l'attaquait en grimaçant, avec inquiétude et une sorte de complexe horrifié. Numéro bis déformait tout ce qu'il ne comprenait pas, c'est-à-dire presque tout. D'Artagnan les regarda. Numéro un, c'était l'avenir. Numéro bis, c'était l'adjudant de l'avenir. Et lui, d'Artagnan, devrait travailler sous cet avenir-là. Il cacha son désarroi comme il put et leur dit :

– Je me suis mal exprimé. Je sais que la rentabilité est nécessaire. Je crois en l'efficacité. Je voulais juste dire que si le client est bien servi, c'est mieux.

– C'est essentiel, vous voulez dire !

Il lui fallait ce poste. Il se tut.

Ils lui demandèrent enfin comment il se voyait dans cinq ans. Accompli dans mon travail ici, répondit-il, heureux en famille et avec un ou deux enfants.

– Mauvaise réponse ! dit Numéro un. Encore une fois, votre famille n'a rien à voir là-dedans.

Plus tard, Numéro bis lui dit :

– Vous auriez dû répondre en parlant de votre progression et de votre carrière. Il faut en vouloir ! Au passage, quand on rentre dans un nouveau poste, il est bon d'arriver avant les autres et de partir après eux. Je ne vous conseille pas de rechigner sur les heures supplémentaires.

– Gratuitement ?

– Vous êtes syndicaliste ?

Syndicaliste... Il trouvait ça drôle, Numéro bis. Et ce mot-là, il le prononçait bien.

Après l'entretien, d'Artagnan était accablé. Jamais il n'aurait ce poste. Pourtant, il l'obtint. Il comprit alors que l'idéologie libérale contemporaine, comme toute idéologie, avait un versant puissamment rhétorique. Les mots précédaient la mise en musique. Ils préparaient le terrain en protégeant ceux qui les récitaient. C'était une petite musique de nuit et de jour qui enveloppait tout. Numéro un et Numéro bis avaient joué le jeu que les règles imposaient à tous. Qu'ils en profitent pour prendre du plaisir était dans l'ordre des choses.

Numéro bis était son nouveau chef. Assez vite, d'Artagnan s'aperçut qu'il était pervers, manipulateur et, d'une certaine façon, totalement stupide. On l'avait mis là pour discipliner et, si possible, éliminer. Il y a des vices utiles.

Assez vite, Numéro bis demanda à d'Artagnan de commencer à préparer, pour la fin de l'année, son « rapport d'étonnement ». D'Artagnan demanda ce que c'était. Il s'agit, répondit Numéro bis, de noter tout ce qui vous étonne dans le service ; tout ce qui vous étonne, en mal. D'Artagnan comprit qu'il s'agissait d'un rapport de dénonciation. Numéro bis le harcelait avec ça. D'Artagnan se demanda si, dans le rapport, il ne s'étonnerait pas d'abord de la mauvaise ambiance que celui-ci avait installée, provoquant la plupart des « attitudes négatives » qu'il était chargé de réprimer. Bien entendu, il ne le fit pas.

16 novembre 2005

Le gris du ciel

La banlieue semble n'exister que pour effrayer ceux qui n'y vivent pas. Ou pour les culpabiliser. Elle semble aussi faite pour déprimer ceux qui y vivent. Ou pour leur assurer qu'ils le doivent absolument. Miroir, mon beau miroir, dis-leur que je suis la plus laide. Le miroir est poli. Il le dit. Qui voudrait contrarier le malheur des autres ? La banlieue est la thérapie de choc des Français. Elle n'est pas remboursée par la Sécurité sociale (trop cher, les déficits, il faut responsabiliser les gens, on ne va pas financer la misère du monde, nous sommes en situation de concurrence, les Français sont des enfants gâtés, etc.).

Cette thérapie s'effectue comme certains tests, en double aveugle. On ne sait qui regarde qui, mais on voit assez bien les résultats. Du vilain divan de béton périphérique jaillissent les monstres de Goya, des sortes de *Caprices* sociaux. Les *Caprices* sont des estampes qui représentent des rêves, des hallucinations, des satires. Ils sont mis en vente en 1799 dans une rue de Madrid assez bien nommée, la rue de la Désillusion. Le recueil se trouvait dans la vitrine d'un marchand de parfums et de liqueurs. L'eau-de-vie, pour une fois, était une eau-forte.

Goya avait cinquante-trois ans. Il sortait d'une maladie pénible. On dit qu'il perdit la joie de vivre et devint amer. Certains génies ont l'amertume comique. À l'entrée du cœur, Goya avait de bonnes dents. Sur ses estampes, on voit des ânes, des chauves-souris, des notables et des misérables. Tous font des choses vulgaires. Ils se moquent du monde ou se racontent des histoires sur lui. Ils ricanent, volent et mutent, mi-hommes, mi-bêtes. Ils s'en prennent aux belles jeunes filles, aux faibles, aux mourants, dénaturent les beaux sentiments. Il leur manque des dents, mais pas le sourire. Grâce aux légendes méchantes de Goya, leurs pets font des bulles dans l'eau de rose.

C'est un fantasme du même genre qui naît, chaque jour, à la télé ou dans la presse, mais sans talent ni humour, sans le sens du grotesque ni celui de l'absurde. On ne rit plus de nos peurs et de nos hypocrisies, aujourd'hui. On est dévot en tristesse et compassion, on prend des mines de circonstance. Nous sommes devenus des gens sérieux avec un petit ange sociologique sur une épaule, psychologique sur l'autre. Ces anges nous observent, nous sermonnent, nous corrigent. Ils ne sourient pas. Ah, la vie des autres n'est pas drôle à vivre, même et surtout vue de loin. Et l'actualité semble faite pour enterrer ceux qui se croyaient encore vivants.

Mais l'actualité mise en *caprices* n'est pas seulement l'actualité. Elle devient réalité : pour ceux qui la font, pour ceux qui la regardent. À l'image, les « jeunes » – euphémisme désignant les jeunes d'origine nord-africaine ou africaine et repris en public par lesdits « jeunes », comme s'ils parlaient d'eux-mêmes depuis les mots des autres – ont leur long quart d'heure de célébrité anonyme. Ce quart d'heure a son prix : devant leur télé, beaucoup d'autres ont leur long quart d'heure de désespoir, de haine et de racisme. Ou de panique, ou de leçon de morale, comme les étrangers. Ceux qui ont des amis lointains le savent : ils ont reçu, ces semaines-ci, des mails inquiets. Es-tu encore vivant ? T'ont-ils agressé ? Ta voiture est-elle sauve ? Qu'arrive-t-il à la France ? C'est cela, le double aveugle : le test de la présence de l'autre par l'abstraction du pire.

Dans la revue *Esprit* de novembre, un universitaire américain, David A. Westbrook, l'écrit fort bien, et avec une méchanceté pleine de délicatesse, à propos des nouvelles aventures de Bernard-Henri Lévy sur les traces de Tocqueville, BHL en Amérique : *« Le journalisme est une présentation de l'information, mais d'une manière que nous sommes prédisposés à comprendre. »* Nous sommes prédisposés à comprendre que la banlieue est un lieu menaçant et désespéré, et rien d'autre.

Si nous y vivons, cela ne correspond pas, ou pas uniquement, à ce que nous vivons ; mais nous savons que ça correspond à ce que nous sommes censés vivre, puisqu'on nous le dit depuis vingt ans. Nous avons déjà pas mal d'emmerdements – chômage, dettes, racisme, fatigue, voisinage pas toujours facile, enfants intenables, longueurs et difficultés des transports ; mais cela ne suffit pas : il faut encore que nous soyons des désespérés, des humiliés et offensés, des victimes totales et à plein temps, ou leurs ombres sous forme de bourreaux. La joie, la méchanceté, le machisme, la convivialité, la lâcheté, le courage, la perversité, l'amitié, l'amour, la mauvaise foi, l'ambiguïté, l'hystérie, le panurgisme, la générosité, la solidarité, tout ce qui fait le pire et le meilleur d'un homme nous est interdit au nom des conditions sociales (et ethniques) qui sont les nôtres.

Si nous n'y vivons pas, la banlieue est généreuse. Elle nous en donne pour nos poids de phobie et d'inquiétude. Nous n'en voulons voir ce que nous en craignons, et c'est bien ce que nous voyons. Il doit être fascinant de contempler de loin, à l'image, le spectacle d'un désastre sans cesse annoncé, toujours reporté. Nous regardons soudain se déployer la caricature de nos hantises : être « jeune », bronzé, tribal, insolent, plus ou moins illettré, tout à fait rejeté, peut-être musulman, repoussoir-né de la France éternelle et blessée. Le cancer au fantôme du colon se porte bien.

Désespérer de la banlieue est-il, dans ce pays, un but dans la vie ? On le dirait. Comment l'éviter ? L'autre jour, dans le métro, on pouvait lire cette poésie brésilienne de Manuel Bandeira sur la ligne 9. Bien entendu, nul ne la lisait. La voici :

« – *Vous avez une cavité au poumon gauche et un voile au poumon droit.*

– *Alors, docteur, on ne peut pas tenter un pneumothorax ?*

– Non. La seule chose à faire, c'est de jouer un tango argentin. »

Nous avons une cavité à la banlieue est, un voile à la banlieue nord. La seule chose à faire est peut-être de jouer un tango argentin, français, américain ou algérien. Le saviez-vous ? Il arrive qu'en banlieue les « jeunes » dansent et que leur sourire renverse le gris du ciel.

30 novembre 2005

Ballade des jeunes du temps présent

Avez-vous un bon souvenir de l'adolescence ? Moi, non. Un certain nombre d'amis semblent partager ce sentiment. Nous étions adolescents à une époque, très récente, où l'adolescence n'existait pas encore. Et encore moins les « jeunes ». Nous n'avions alors ni psychologues ni sociologues de surface pour nous expliquer à quel point nous aurions eu raison d'avoir tort, individuellement ou en groupe. Le paysage manquait encore de crooners du mental de type Marcel Rufo, l'homme dont les brushings semblent bercer l'accès à la célébrité. Il n'y avait pas davantage les fantômes de Mamie Dolto. Non, personne. Nous rêvions en banlieue d'être des héros, mais nous n'aurions jamais imaginé débuter dans la vie en tant que victimes.

Les meilleurs romanciers nous apprenaient que notre tristesse était sans consolation : ils nous parlaient de solitaire à solitaire et nous échangions avec eux des secrets non partagés. La colère en faisait partie. Et l'humiliation, et la honte. Mais nous n'avions guère envie d'en devenir les histrions ni les petits marchands. Je continue d'échanger tout le précipité sociologique sur la misère de l'enfance et du monde contre *David Copperfield* ou *De grandes espérances*. Ce précipité – décantation accélérée du travail sociologique dans les médias – tue ce que la littérature nous apprend sur l'homme. Bourdieu avait dû le sentir lorsqu'il écrivit, avec son équipe, ce livre si touchant et si imprégné de récits : *La Misère du monde*. Il faut le lire et le relire : les entretiens et leurs présentations-analyses, qui datent de 1991, annoncent et expliquent l'état de la France.

Nos parents ne cherchaient pas à comprendre ce qui les agaçait en nous. Ils parlaient peu et, souvent, ne comprenaient rien. C'était pénible, sans doute. Mais aurions-nous aimé avoir des parents qui nous accablent de leur empathie et de leur volonté de comprendre ? Qui nous regardent vivre à la télé ou ailleurs ? Je n'en suis pas certain. Notre adolescence un peu opaque nous protégeait de leur indiscrétion. Ni loft, ni séances psy en public : nous étions pudiques. Il paraît que l'impudeur en solde et en promotion est devenue preuve de liberté, de naturel, de savoir-vivre. Nous survivions plus discrètement, et comme nous le pouvions, souvent mal. Il n'y avait jamais assez de miroirs pour nous regarder, mais il y en avait toujours trop quand les autres nous regardaient. La télé n'était pas encore là pour mettre en spectacle et en valeur nos vanités inquiètes et nos rituels de meute. Bref, nous étions seuls et si nous ne nous portions pas bien, nous ne nous en portions pas si mal.

Tentatives de suicide, fugues en tout genre, petits délits honteux, affrontements violents avec les vieux, haine de l'école, bizutages, règnes des imbéciles et des pervers sur le groupe, difficultés à vivre seul aussi bien qu'en compagnie – sans parler de la délicate question des filles : rien n'aurait pu faire de cet âge une époque bénie, sauf pour le con à beau visage qui jouait de la guitare sur un banc à la sortie du collège. L'adolescence n'est une période sympathique ni pour soi-même ni pour les autres. On se cogne à tout et à tous. On se sent si bête et si mal qu'on ne sait plus comment se venger de soi-même sur les autres, ni des autres sur soi-même. On n'est pas sérieux quand on a dix-sept ans ? Mais si. On est terriblement sérieux. On n'est même que ça. On est si sérieux qu'on ne cesse presque jamais d'être bête. Et les boutons qu'on gratte saignent comme les bubons d'une conscience qui n'en finit plus de naître.

Rimbaud a fait un mal terrible à l'adolescence : son génie l'a surévaluée. Il nous a permis de croire qu'elle était un âge intelligent et un grand moment de vérité, un négatif de l'hypocrisie et du sentimentalisme du monde. Ses poésies et son destin nous ont appris qu'elle était cet âge difficile dont l'idéal eût été de ne jamais sortir. Le soixante-huitardisme a transformé sa vie en posture. Il a fallu un siècle et pas mal d'exégètes, mais nous y sommes : tout se passe aujourd'hui comme si chaque adolescent était plus ou moins Rimbaud : une bouche d'or à la fonte par qui le scandale et la vérité arrivent. L'adolescence ressemble désormais au jour pendant l'été polaire : elle n'en finit pas de se prolonger et de se donner à voir.

Mais que dis-je ? On ne parle plus vraiment d'adolescents, ni même de jeunesse. On parle de « jeunes ». Quand est apparue cette expression à vous dégoûter de vivre : les « jeunes » ? Difficile à dire. Une expression s'impose sans doute quand ce qu'elle désigne risque de vous laisser sans voix. Les « jeunes » n'appartiennent pas à la jeunesse. La jeunesse, c'était l'avenir et l'allégresse ; c'était aussi le groupe. Les « jeunes » font peur. Ce sont des silhouettes. Ils sentent le coup de marteau et la tête contre les murs.

Ce ne sont pas tout à fait non plus des adolescents : plutôt des adolescents en tant que tribu sans emploi ni utilité, si ce n'est celle de consommer. Et c'est en tant que tribu que les autres les évoquent. Les « jeunes » sont comme Dieu chez Tartuffe : on les invoque par nécessité, comme une menace, mais, en réalité, plus on en parle, moins on en veut. Les « jeunes » sont, au fond, des étrangers : à leurs parents, à leurs maîtres, au monde, qui doit les accueillir et les enferme dans cette épouvantable et narcissique adolescence éternelle.

Cette adolescence est sans véritable billet de sortie. L'image l'éternise : lofteurs, casseurs, comédiens de la haine de soi et du désir de vivre dans le regard des autres. Le « jeune » est la caricature de la jeunesse, de l'adolescence. La société semble l'avoir inventé comme on choisit son ennemi le plus intime. Ce n'est donc pas un hasard si le terme a finalement désigné, par euphémisme, les gamins bronzés de banlieue avec casquettes ou capuchons : ceux-là sont l'aboutissement du mot – son apothéose par le rejet de ce qu'il nomme. Le plus sinistre est d'en avoir fait, à gauche, des sortes de héros néoprolétariens. Mais la jeunesse a l'énergie et la peau dures : elle survivra à ces « jeunes » dont une société vieillissante l'afflige et sous qui elle cherche à l'enterrer.

7 décembre 2005

Couscous Racine

Un matin, après avoir bu votre café, vous tombez sur ça : « *À force de marteler que "la" culture est oppression, élitisme, qu'une pièce de Shakespeare n'a pas plus de valeur qu'une chanson, et qu'un vers de Racine ne vaut pas mieux qu'un couscous, comment s'étonner qu'on brûle des bibliothèques ?* » C'est publié dans *Le Figaro*, un 28 novembre, il fait froid dehors, par un auteur nommé Robert Redeker. Il a publié dans divers journaux en qualité d'intellectuel. On le présente cette fois comme *« philosophe, membre du comité de rédaction de la revue* Les Temps modernes, *auteur de :* Le Progrès ou l'Opium de l'histoire *(Pleins feux)* ». Cet homme est un sage, un berger. Son métier est de peser ses mots et de penser.

L'article s'intitule *« Le nihilisme culturel imprègne les émeutes banlieusardes ».* Nihilisme, imprégnation, émeute : la batterie ordinaire des grands mots. Les références culturelles suivent comme autant de soubrettes. L'ensemble est une caricature de ce que pourrait écrire ou dire Alain Finkielkraut, s'il avait encore moins de talent que de nerfs à perdre. Après cent autres, et en attendant les suivants, le texte reprend au passage deux vieilles croisades.

La première, contre le relativisme culturel, a été justement lancée en 1987 par Finkielkraut avec *La Défaite de la pensée*. Il n'avait pas tort dans tous ses constats ; mais, comme souvent, il a fini par les noyer dans l'excès d'une nostalgie hystérique. Alain Finkielkraut est un intermédiaire de la création : il fait aimer les auteurs qu'il aime ; mais il est une vieille actrice de l'intellect : ses humeurs, ses caprices, ses crises d'identité et de cervelle perturbent sa conscience du monde. Il cite avec gratitude les grands morts, les voix du passé ou du regret ; mais il se sent persécuté par l'ingratitude de la presse et du monde. Tel un cocaïnomane, il semble avoir besoin de sniffer l'indignation pour vivre. Son rapport à l'autre est obsessionnel, un peu masochiste. Être dénoncé par des imbéciles le stimule. On le hait, on le lynche. Ah ! Le monde qu'il dénonce ne le mérite vraiment pas.

La seconde croisade est menée par ceux qu'on appelle parfois les « néo-kantiens » : ils luttent pour le *« retour de la morale »* (à travers la culture classique et les principes, éternels autant que vagues, de la *« vie bonne »*), contre une supposée complaisance sociologique. Il arrive que les malades du relativisme culturel rejoignent ces hiérarques de la vertu. Mais ce n'est pas toujours le cas : il y a bien des manières de se flatter soi-même en dénonçant le monde qui vous a fait roi.

Ceux qui luttent contre les épouvantails du relativisme culturel peuvent être racistes, humanistes, élitistes, républicains, pleins d'autres choses encore ; le trait qui les rassemble est psychologique : ils veulent se distinguer. Ils exagèrent la noirceur du monde pour mieux se sentir vivre contre lui. Ce qui les entoure n'est jamais assez horrible pour justifier leur mission, leurs apparitions, leur survie. La beauté, qui est effectivement rare et qui toujours le fut, est un don qu'ils ne peuvent apprécier qu'en état de quarantaine ou de persécution. À quoi sert d'être intelligent si l'on n'est pas seul ? Les « médias », dont beaucoup usent et abusent, sont leur cible de choix : la sinistre machine à vulgariser que tous dénoncent et dont certains vivent. Paradoxe amusant de la société du spectacle : ceux qui font profession de haïr la vulgarisation et la confusion du monde sont eux-mêmes des vulgarisateurs confus – au sein même de ce qu'ils dénoncent et dont ils sont les meilleurs clients.

Ceux qui luttent contre les épouvantails de l'angélisme sociologique peuvent étudier Kant, les Grecs, Lucrèce, Leibniz ou Hermann Broch ; le trait qui les rassemble est socio-psychologique : hors de leur champ d'étude, ce sont de vulgaires notables. Bourdieu a plutôt bien réglé le compte des uns et des autres, et ils ne le lui pardonnent pas.

Derrière les monstres de la modernité béate et de la complai-sance sociale, l'herbe ne repousse plus : le héros finkielkrautien lutte en vain, dans une tristesse et une solitude qui l'élèvent et qu'il sait fort bien mettre en scène ; c'est un faux Don Quichotte, affamé de présence et d'effets de planches, mort et ressuscité sur un catafalque d'illusions perdues et perpétuellement médiatisées : plus il se plaint, plus on le voit. Le héros néo-kantien, lui, fait la morale depuis un fauteuil second Empire : il est si bon de rappeler aux pauvres comment ils devraient vivre. Ces deux types d'intellectuels de surface ont un point de ressemblance déterminant : ils vieillissent. Vieillir, c'est avoir peur. Et tout ce qui leur échappe sort peu à peu, comme la lumière d'un caveau, du champ fatigué de leur intelligence. Vous refermez *Le Figaro* en songeant que Redeker est un épigone supplémentaire de ce double mouvement.

Cependant, dans ce tissu d'idioties autosatisfaites, la rencontre improbable entre deux mots vous retient : Racine, couscous. *« On vit dans un monde, relisez-vous, où un vers de Racine ne vaut pas mieux qu'un couscous. »* Ou qu'un youyou, peut-être ? Vous ignoriez qu'il y avait des gens pour mettre dans le même plat *« Dans l'orient désert quel devint mon ennui »* et « couscous royal ». Selon les heures, vous appréciez soit l'un, soit l'autre, ou aucun des deux, mais il ne vous viendrait pas à l'esprit de les comparer, et encore moins de vous servir de l'un pour abaisser l'autre. Vous voilà prêt à rire d'une comparaison si saugrenue.

Mais il y a le contexte. Cette dérive générale des mots et de ce qu'il n'est plus possible de qualifier de pensée. Cette manière pour un « philosophe », non pas de réfléchir dans cette zone neutre où le langage éclaircit la conscience et transcende les peurs petites et grandes, mais de réagir à ras de vécu et d'ombre, comme le pire de n'importe lequel d'entre nous ; dans ce lieu panique où Racine est obscurément menacé par couscous. Quand Redeker, Finkielkraut et d'autres « philosophes » réagissent comme ils le font face à l'événement, c'est un peu comme si Kant, apprenant le début de la Révolution française, avait cessé de penser pour écrire le pamphlet d'un enragé ou d'un émigré. Ainsi renoncent-ils aux idées civilisées qu'ils prétendent enseigner.

21 décembre 2005

Ma boutique coloniale

Dans le nouveau catalogue publicitaire des éditions Verticales, on lit que *« le passé est toujours imprévisible »*. Il s'agirait d'un proverbe russe. C'est possible : les Russes baignent dans un passé imprévisible. Leurs maîtres sont des artistes en gros de la reconstitution historique, d'excellents retoucheurs industriels de la mémoire collective. Mais avons-nous tant de leçons à leur donner ? L'imprévisibilité du passé, bien plus encore que celle du futur, devrait d'abord nous faire réfléchir sur l'imbécillité du présent.

Reprenons cette histoire coloniale. Dans un monde idéal, il ne devrait pas être si difficile de laisser les historiens faire le travail, les journalistes le rendre public, et les professeurs l'enseigner. Avec nuances, doutes, débats sur les objets et les méthodes. Même la pire des histoires n'est jamais aussi simple ni aussi fixée que des morales postérieures, quelles qu'elles soient, voudraient nous le faire croire. L'ignorance des uns et la mauvaise foi des autres semblent aujourd'hui étouffer ce travail minimum de médiation intellectuelle et de précision démocratique.

Ce n'est pas nouveau : le monde idéal n'existe pas. Un pays est comme un homme : il est victime des souvenirs que son destin lui choisit. Les mémoires des individus, des groupes et de l'État ont leurs passions, leurs intérêts, leurs soupes réchauffées et leurs plats qui se mangent froid. Certaines mémoires arrivent au banquet républicain frémissantes et frustrées. Elles avalent l'Histoire en force, au pilon, avec une rage pleine de faim. Elles se goinfrent avec envie et inquiétude. Elles mélangent l'avocat et le gibier, jettent la sauce au vin sur le fraisier, boivent tous les alcools et finissent, dans une sauvagerie enivrée, par jeter au visage des autres mémoires, ces pénibles et hystériques concurrentes parfumées d'eau de victime, les restes du dîner. Résultat visible momentané : d'un côté, les indigènes de la République ; de l'autre, ses colons.

Cette caricature est assez naturelle dans un pays si chargé d'épopée, d'histoire édifiante et, par conséquent, de malentendus : trop de placards, trop de cadavres, trop de fantômes mal identifiés. Chaque retour du défoulé devrait avoir au moins ce mérite : permettre à chacun d'entre nous de faire retour sur soi-même. L'histoire de tous danse avec la mémoire de chacun : l'actualité permet d'éclairer l'intimité. L'actualité est un éléphant, à nous de sauver la porcelaine. Avant de juger l'histoire coloniale de la France, voilà donc l'occasion de se demander : que sais-je ? Qu'ai-je appris, qu'ai-je su dans mon enfance et mon adolescence de cette histoire ? Dans quelles conditions ai-je su le peu que je sais ? Quelle expérience en ai-je ? Je ne parlerai ici de moi que pour inciter chaque lecteur à en faire autant avec lui-même. Si tout va bien, son introspection le mènera si loin que, sur ce sujet comme sur tant d'autres, il commencera par se taire.

Mon premier souvenir est une phrase : *« Dieu les a faits noirs et il sait pourquoi. »* Dans ma famille, elle était attribuée à un prêtre vivant en Afrique. Elle faisait beaucoup rire celui qui la prononçait. Il la prononçait souvent. Elle ne m'a jamais fait rire et elle ne faisait pas rire la plupart des autres. D'abord, ils l'avaient trop entendue : c'est une marque de l'obscénité de se répéter sans cesse ; l'obscène est sourd à la douleur, au dégoût et finalement à la fatigue qu'il impose ; il est fier de ce qu'il répand et multiplie ; il travaille à l'usure. Il porte autour du cou sa lumineuse guirlande de mots, de loin visible, clignotant d'angoisse et de complexes.

Mon deuxième souvenir est Tintin. Au Congo, d'abord, dans sa version amendée par Hergé dans les années 60. J'étais passionné par l'aventure. Chez les Noirs, chez les Blancs, il y avait des bons et des méchants : je ne colorais pas le bien et le mal. Je n'y pensais pas vraiment. Comme tout enfant, je ne sentais pas le terreau politique de l'album. Les histoires d'aventures ne sont pas lues comme des discours politiques. Elles ne doivent d'abord pas l'être. La tristesse du monde tombera bien assez vite sur les jours qui nous restent.

Il me semble que c'est *Le Lotus bleu*, troisième souvenir, qui me sensibilisa à la question coloniale : la scène où l'homme d'affaires blanc frappe le tireur de pousse-pousse symbolisa et signa l'injustice. Pourquoi m'a-t-elle autant marqué ? Je n'en sais rien. J'en ai retrouvé les échos, bien plus tard, dans *Voyage au Congo*, d'André Gide : dans ce passage où il décrit, avec son implacable quant-à-soi, comment les Blancs ne cessent d'insulter leurs boys ou de frapper dessus. Ce que je ne sentais pas en lisant *Le Lotus bleu*, c'était ce que masquaient ces actes : la peur et la mauvaise conscience rentrée. Gide et d'autres l'expliquent fort bien. Une Européenne dit à l'écrivain qu'elle est dure *« parce qu'il ne faut pas avoir l'air dupe »*. Elle projette quelques fantasmes sur les Noirs qui l'entourent. Et, à force de les vouloir hypocrites et voleurs, elle finit par les rendre tels.

Mon quatrième souvenir vient du lycée. Mes professeurs d'histoire-géographie sont presque toujours de gauche. Ils n'ont aucune sympathie pour l'aventure coloniale ; ils n'en ont pas davantage pour Napoléon. Mais ils enseignent cependant avec réserve et précision. Ce sont les élèves qui tirent, à tort ou à raison, les conclusions politiques de leur enseignement. Est-il orienté ? C'est possible. Mes parents le flairent et s'en indignent, avec discrétion : ils sont encore d'une génération où l'on donne par principe raison au maître. Je comprendrai plus tard que certains de ces enseignants ont fait cette guerre dont nul ne parle, pas même eux : la guerre d'Algérie.

Il faudrait encore citer beaucoup de souvenirs : les films d'aventures coloniales, le cycle romanesque de Jean Hougron, cette Nuit indochinoise où tout est dit, dès les années 50, de la violence d'un système et de la magie d'un pays. Car, à l'enfant et au jeune homme que j'étais, la conscience progressive de ce que fut le colonialisme ne permit jamais d'effacer l'enchantement, l'attirance, le rêve que procurait cette phrase toute simple et jamais oubliée d'André Gide : « *Longue promenade solitaire, à travers les champs de manioc, à la poursuite d'extraordinaires papillons.* »

18 janvier 2006

De la vodka dans l'âme

Le jour où la Russie rétablit le gaz, un froid léger revenait sur Moscou. La température devait être de moins dix degrés, moins douze au vent. Vers midi, j'ai quitté l'appartement bien chauffé pour me rendre au cimetière qui se trouve derrière le grand monastère de Novodevitchi. C'est le Père-Lachaise moscovite, que l'hiver glace dans sa beauté.

J'étais encore un peu soûl, de la veille ou du lendemain. Comment savoir ? Je vais à Moscou pour boire en amitié dans des lieux surchauffés, jusqu'au moment où mon corps s'éloigne. Alors, je continue. En Russie, tout résiste et tout continue. Mieux vaut donc toujours continuer au-delà de tout. C'est plus simple et plus naturel. Une tristesse et une joie pleines sont d'assez bonnes manières de le faire. Elles naissent l'une de l'autre. J'ai l'impression que la vodka les aide à couler l'une dans l'autre. Mais je ne suis qu'un amateur. Quand je reviens en France, j'ai d'abord tendance à continuer, pour prolonger sans doute la Russie en moi. Mais on ne peut boire longtemps dans la vie des autres.

Un jour, je regarde une dernière fois les plis soyeux de la vodka enrubanner mon petit verre : ça me rappelle le sirop de la mer Morte. Ensuite, je referme la bouteille jusqu'au prochain voyage.

Les pieds pris dans le blanc, je voulais voir les tombes des hommes célèbres, et d'abord celle de Chostakovitch. C'était le bon jour : le paysage ressemblait à son treizième quatuor à cordes, un seul mouvement d'un éclat désolé, culminant sur une note d'alto qui continue et continue, comme une plainte et comme la Russie. Chostakovitch l'a composé à la fin de sa vie, en Sibérie. Il était allé là-bas non pour mourir, comme tant d'autres, mais pour guérir – en vain. Il avait survécu à Staline ; il n'a pas survécu à sa maladie.

Les rues et le parc qui longent le monastère étaient presque déserts. On n'y croisait que des silhouettes entre deux nuits, entre deux verres. Elles aussi continuaient. À l'intérieur, les stèles avaient fondu dans la neige. Le ciel étalait son gris naturel sur les arbres noirs. Gogol a décrit ce ciel au début des *Âmes mortes* : *« La journée n'était ni radieuse ni sombre, mais de ce vague gris clair qui ne se voit que dans les vieux uniformes des soldats de garnison, troupes au demeurant paisibles, mais toujours un peu éméchées le dimanche. »*

J'avais emporté cette nouvelle traduction d'Anne Coldefy-Faucard, aux éditions du Cherche Midi. Elle est illustrée par de beaux dessins du jeune Chagall. Une amie russe les a regardés et m'a dit : *« Ils ont leur charme, mais ça ne va pas. Chagall fait semblant d'illustrer Gogol, mais il ne parle que de lui, de sa féerie triste et de son humour juif. Ce n'est pas du tout l'esprit de Gogol, beaucoup plus sarcastique.* » Ce malentendu m'allait. Pourquoi les hommes devraient-ils se comprendre ? Avec ses dessins et sa couverture cartonnée, l'édition est bizarre : on dirait un livre d'adulte qui se prend pour un livre d'enfant. Existe-t-il des lecteurs qui ont envie des deux en même temps ?

Le même passage, traduit en 1925 par Henri Mongault pour Gallimard, devient ceci : « *Le ciel lui-même, d'un gris terne rappelant la couleur des vieux uniformes militaires, ajoutait à la tristesse du lieu.* » C'est plat et un peu court. Une note précise : « *Le manuscrit portait : "… Des vieux uniformes portés par les soldats du service de place, militaires fort paisibles, mais très souvent ivres le dimanche." La censure biffa.* » Et donc, le traducteur renvoie en note ce qu'en 1842 les censeurs tsaristes biffèrent : l'essentiel ; la métaphore qui donne sens à la phrase et corps aux déformations que la sensibilité de Gogol inflige à la réalité commune.

Nabokov, lui, traduisait le passage ainsi : « *La journée n'était ni lumineuse ni sombre ; elle avait cette teinte bleu gris qu'on ne voit qu'aux uniformes usés des soldats de garnison, guerriers pacifiques, d'ailleurs, si ce n'est qu'ils se soûlent quelque peu le dimanche.* » Et, dans son cours (en anglais) sur Gogol, il précise : « *Il n'est pas aisé de rendre les courbes de cette syntaxe féconde et d'établir un pont au-dessus du hiatus logique – ou plutôt biologique – qui sépare un paysage à peine esquissé sous le ciel morne d'un vieux soldat éméché qui accoste le lecteur avec un hoquet généreux aux abords enrubannés d'une seule et même phrase.* »

Le « pont » serait ici, d'après Nabokov, l'expression « d'ailleurs » : sa lourdeur volontaire singe un lien logique entre le ciel et le soldat ivre. Comme dans les toasts, *« d'ailleurs »* réunit l'improbable, et la vérité du moment jaillit. La vodka est une syntaxe liquide. Henri Mongault ne le saisit pas : il civilise le texte ; Anne Coldefy-Faucard, non. Elle traduit *« d'ailleurs »* par *« au demeurant »*. C'est pesant et avantageux comme il faut, presque grotesque : comme un notable de province russe se piquant de rationalité dans un monde qui en est totalement dépourvu.

Je me dirigeais vers la tombe de Chostakovitch en regardant ce ciel gogolisé. Le manteau du soldat ivre, lourd, un peu râpé, répandant peut-être une odeur de sueur et de chou, m'enveloppait sans délicatesse. J'avais soif. Mes gencives me faisaient mal. L'alcool les avait desséchées. Longeant un muret, j'ai failli glisser plusieurs fois sur la neige verglacée, avant de parvenir tout à fait devant le buste ornant la tombe de Gogol. Trois Russes y continuaient de célébrer la nouvelle année en buvant. L'un d'eux a dit au buste : *« Gogol, tu ne nous guériras pas, mais au moins tu ne feras pas de nous des innocents ! »* Je ne suis pas certain de la traduction.

Plus tard, j'ai fini par trouver la tombe de Chostakovitch. Mes pieds étaient gelés. Je me suis assis sur le bord de la stèle. Une portée avec quelques notes était gravée dessus. J'ai dégagé de la neige les tiges maigres et résistantes au bout desquelles fleurissaient, comme des bijoux fantaisie, ces fleurs d'hiver qui ressemblent ici à des bourgeons. Une légère nausée me rappela que *Les Âmes mortes* avaient toujours provoqué en moi une sorte de dégoût saturé : il m'a fallu trois lectures et cinq ans pour en venir à bout. Pourquoi ? Ce cimetière, ce ciel et le manteau du soldat ivre me le murmurèrent : les phrases de Gogol, c'est du langage trempé dans l'infini d'un verre à vodka. Il faut les boire pour comprendre jusqu'où leurs métaphores conduisent : pour continuer dans cette neige et cet alcool sans lumière où la langue vous fait rêver en marchant, à n'importe quelle heure, sur les morceaux d'un verre brisé.

15 mars 2006

Adieu à la femme Ingres

Il y avait cette nouvelle exposition Ingres, au Louvre. Depuis quand V n'avait-il pas vu un tableau d'Ingres ? Eh bien, depuis qu'il ne s'en souvenait plus. Il était vieux, désormais, et tout s'éloignait dans des formes imaginées. Ingres… Degas, qui le vénérait, ne l'appelait que « monsieur Ingres ». Degas aimait réciter les phrases du maître, tranchées comme du pain dur. Par exemple : *« Il faut poursuivre le modelé comme une mouche qui court sur une feuille de papier. »* Après l'avoir lue, dans sa jeunesse, V avait regardé des mouches courir sur une table : du mouvement collé. Les mouches étaient imprévisibles et précises dans leurs déplacements. Elles semblaient poursuivre le modelé d'un destin magnifiquement stupide.

Ingres, pour V, c'était plutôt le nom d'une femme : la femme Ingres ; et ce qu'elle avait d'Inde effaçait ce qu'elle avait d'aigre. Cette femme était une bourgeoise. Son sourire indiquait une satisfaction douce et puissante – comme si les anciens dieux, enfin apaisés et domestiqués, étaient entrés au foyer avec pantoufles de velours doublées soie, dans une demeure parisienne vers 1850.

La femme Ingres avait la chair pleine et pâle, presque grise. Cette chair ne faisait pas de plis : ils étaient laissés à la merveille sociale des tissus. Les corps lourds étaient glacés dans leurs lignes. La femme Ingres avait aussi une « gorge », comme on disait alors, mais cette « gorge » était sans odeur. Les corps d'Ingres vivaient contre les couleurs de la chair. C'est chez Rubens que celle-ci travaillait et se défaisait dans la jouissance. Ingres, évidemment, détestait Rubens. Il disait : *« Chez Rubens, il y a du boucher ; il y a avant tout de la chair fraîche dans sa pensée et de l'étal dans sa mise en scène. »* Bref, du sexe. Dans le souvenir de V, pas de sexe chez Ingres. Ou alors au garde-à-vous dans les lignes, d'une splendeur presque détachée. La sensualité était bien là, mais dépassée, et comme recouverte par l'implacable perfection du dessin.

La perspective de l'exposition réveilla les souvenirs de V. Fallait-il aller revoir tant d'immobilité dans un monde si remuant ? Tant de certitudes quand lui n'en avait plus ? Tant de précision quand il vivait dans la brume ? Affaire de corps, de rythme, de moment… V se sentait trop vieux pour rajeunir. Dans son idée, Ingres, ça ne marchait plus. Ni la femme. Ni l'homme : ce percheron notable, taillé dans la masse noire de sa redingote et de son état, tous sillons tracés. Revoir ça ? Revoir, si seulement…

Il y alla, un matin, à l'ouverture, en compagnie de son vieil ami W, qui lui dit : Ce n'est pas parce qu'on est moins jeune qu'on doit se priver d'aller voir des femmes qui ne vieillissent plus. Quand on verra leurs sourires, imagine leur sexe. Ça les réveillera. Il y a trop longtemps qu'elles ne baisent plus.

W était plutôt du genre Rubens : il ne renonçait jamais à rien. Le sexe était l'appendice de l'humour, et vice versa. La mort approchait et ils faisaient bon ménage. W suivrait la mouche d'Ingres jusqu'au sang, en rampant s'il le fallait. Et il ferait rire les autres avec ça, même s'ils ne le méritaient pas. W avait toute l'élégance du plaisir sans morale, et V l'aimait pour ça.

Ils firent une heure de queue. Les expositions, ce n'était plus possible : trop de monde, trop d'imbéciles qui parlent. La beauté était devenue la meilleure façon de perdre son temps. Dans l'une des premières salles, il y avait un extraordinaire portrait d'homme à la boucle d'oreille datant de 1804. Il était jeune, un peu voyou, sensuel. Deux petites bourgeoises s'extasiaient. L'une dit à l'autre : « Il est très bien rendu, hein, avec sa bouche et ses lèvres épaisses. On l'imagine en… bagarreur ! » Et en baiseur, ajouta W. Elles s'éloignèrent en pouffant.

Plus loin, l'étude d'une Angélique, sur un fond orange inachevé, fascina W. L'orange rappelait *Les Martigues*, de Nicolas de Staël. Angélique était nue, la tête rejetée en arrière, le ventre plein. Deux cuistres clamaient leur dégoût. « Son goitre proéminent, ses yeux de chien battu, son drapé un peu trop plissé, ses cheveux blonds… franchement, non ! », disait l'un, en détachant ses syllabes. Petits pédés, souffla W assez fort pour qu'ils l'entendent, assez bas pour qu'ils puissent feindre de ne pas l'avoir entendu. Toujours ménager un itinéraire de retraite aux crétins, pour qu'ils s'en aillent plus vite.

Angélique était meilleure dans l'étude que dans les deux tableaux achevés, où un certain Roger la délivrait. Avec Ingres, c'était presque toujours comme ça : les dessins et les études valaient mieux que les tableaux qu'ils préparaient. Le sérieux du sujet écrasait la grâce du trait. Il habille son dessin pour la cérémonie, dit W. Quand il le laisse vivre à poil, c'est tellement mieux. Neuf dessins de madame Ingres à la graphite, neuf dessins plein d'amour sage et déposé, les bouleversèrent comme une impossibilité. Ils sentirent vivre sous le crayon un bonheur intouchable.

Ensuite, W eut des réjouissances devant les portraits de monsieur Bertin ou de Mathieu Molé. Ces notables avaient une énergie, une densité de chêne : de l'existence pure et dure. Ceux-là agissaient toujours plus qu'ils ne doutaient. On sentait la morsure du pouvoir accompli. Mais le choc esthétique vint de l'avant-dernière salle. Sur un mur brun, cinq portraits de femmes éclataient : grandes bourgeoises incandescentes et capiteuses de plénitude, éternisées dans leur quotidien en robes sublimes, debout devant cheminée, ou sur fauteuil ou sur divan. On aurait dit les plus jolies fleurs du second Empire. W récita les noms à V : vicomtesse Othenin d'Haussonville, baronne James de Rothschild, princesse Albert de Broglie, madame Paul-Sigisbert Moitessier, deux fois. Elles ont toujours leur sourire satisfait ? demanda V. Oui, dit W. Et la première, la d'Haussonville, a un petit air de Volanges après l'amour. Bon, dit V, elles nous survivront.

Le dernier tableau de l'exposition était *Le Bain turc*. On quitte le tunnel le nez dans la chair des femmes, conclut W, ça me va. V regretta à cet instant d'être aveugle, mais il eut le sentiment de n'avoir pas manqué son adieu à la femme aux chairs pleines. Son désir n'avait pas disparu, puisque ses souvenirs étaient toujours là.

22 mars 2006

La mort grise de Milosevic

Comment apprend-on la mort de quelqu'un qui a compté dans notre vie ? Souvent, par hasard. Le hasard ne fait pas bien les choses. Il les fait, tout simplement. Au lit, par exemple, tôt le matin. Le téléphone est son instrument privilégié. Il plante son clou. Vous tendez la main pour le décrocher. Par le trou, vient l'annonce. L'hôpital vous lâche la disparition.

Vous êtes à peine éveillé. Le jour se devine à peine, quoique trop, derrière les rideaux. Il n'y a pas même l'odeur du café... Avez-vous bien entendu ? Est-ce un rêve ? Non, puisque la voix continue, insiste, administrativement douce et lointaine. Vous voilà debout tout allongé, avec un peu de plomb au cœur et déjà tout un costume de souvenirs et de cérémonie. Amidonné, le costume. Le monde moins un a sa panoplie de continuité. Elle est raide. Elle n'est pas vraiment repassée. Elle a son poids et son humidité, une humidité particulière, qui imprègne. Vous la sentez, mais vous n'osez pas encore bouger. Vous mettrez du temps à sécher. La mort tombant sur le lit, ce pourrait être le nom d'un tableau allégorique à l'ancienne, mais c'est d'abord un seau d'eau froide. On n'en veut pas. On veut du tiède, de la distance, de la tranquillité prolongée. Au saut du lit, il y a trop de réalité et la mort est la réalité qui nous tue.

Le téléphone social a un autre nom : la radio. La télé, il faut être réveillé, assis ou levé. La télé, c'est déjà la journée qui vous digère, avec ses mauvaises haleines couvertes de sirop et de bruits. La radio vous éveille comme le téléphone en deuil, dans la pénombre, entre chien et loup. Ses caresses informatives, ou ses épingles, toute cette acupuncture sonore du désastre, vous annoncent la mort des grands petits hommes qui ont compté. Il y a dix jours, à l'aube, elle révélait celle de Slobodan Milosevic. En voilà une qu'on n'attendait pas.

D'ailleurs, on n'attendait plus rien de Milosevic, et pas grand-chose de son procès. À tort, sans doute. Car voilà un homme qui a compté dans nos vies, non ? Il fut un temps où chaque soir on nous le montrait, on nous en parlait. Il était parmi nous comme la figure du mal : machiavel balkanique devenu criminel de guerre. Il était dans nos vies, oui, mais sans y être tout à fait. L'actualité est une ambiguïté. Elle nous fabrique sans nous toucher. Et maintenant, ceci : vous apprenez un matin dans votre lit la mort de cet homme et ce n'est pas important, ça ne l'est plus, comme si tout ce qu'il rappelait n'avait jamais vraiment existé.

Bien sûr, de vieux prêtres d'ondes montent maintenant en chaire pour tonitruer le souvenir, la conscience et l'éternité du crime. Ah ! Comme ils ont raison... Voici par exemple André Glucksmann, tout vibrant, tout chevrotant de bien et de mal. Vous imaginez sa tonsure de saule prêcheur, ses rides par où coule, comme de l'or fondu, quelque indignation permanente. Mais cela non plus, vous n'y croyez plus tout à fait. Celui-là tient son rôle comme les autres en attendant l'oubli.

Vous prenez alors conscience de cette chose étrange, peut-être terrible : ce Milosevic qui occupa pendant tant d'années votre champ mental, sa mort aujourd'hui ne signifie quasiment plus rien. Y a-t-il des fins qui arrivent trop tard ? Ou trop tôt ? Le Tribunal international n'est-il qu'un purgatoire pour société désenchantée ? Une sorte de neuroleptique ? Ce mort-là, ce vilain barbare mitoyen, ne rencontre en tout cas que sommeil, indifférence et souvenirs vagues, vaguement tristes, très vaguement culpabilisés. Les trains historiques passent comme les autres. Le réseau des consciences est rempli de voies de garage et de stations abandonnées. Et les grands hommes de loin deviennent de près comme les amours, des choses qui nous ont accompagnés et qui disparaissent, sans morale aucune, dans la mesure où ils ne nous ont pas dérangés, qui plongent au saut du lit.

Vous rappelez-vous, pourtant ? 1991, 1992, 1993... Il y avait une guerre, alors, en ex-Yougoslavie. Et l'Europe faisait comme si elle n'avait pas lieu. Plus tard, elle ferait comme si elle n'avait pas eu lieu. L'Europe, ce n'est pas grand-chose, mais c'est une idée, et puis c'est nous. L'idée est humaniste et nous, on a bon cœur. L'Europe est pleine de compassion et d'oubli dans un monde méchant qui n'oublie rien.

Les ex-Yougoslaves avaient décidé de ne plus avoir de bon cœur. Peut-être n'avaient-ils plus les moyens, peut-être étaient-ils gelés dans leurs fantasmagories historiques. Les hommes se racontent des histoires, ils s'en intoxiquent, et ces histoires deviennent leurs vies. Les ex-Yougoslaves voulaient se séparer, se venger, s'éliminer parfois. Milosevic a bâti sa carrière sur ces pulsions. Il les a senties. Il les a utilisées. D'une certaine façon, en bon apparatchik sans scrupule, il s'est adapté. Ensuite, ce fut la guerre et il lui fallut fuir en avant, maquiller du sang avec du sang, un pied dans le crime, un autre dans le mensonge. Il n'est pas étonnant que tant de Serbes aient célébré ce héros. Il y a un plaisir de détresse, comme les feux du même nom : c'est reprendre à son compte tout le mal que les Grands prennent plaisir à nous faire.

Milosevic fixa le retour de l'Histoire dans ce qu'elle a de pire au sein d'une Europe qui prétendait aller vers le meilleur. La scène fondamentale de son apparition, pour ceux qui ne sont pas ex-yougoslaves et qui ont la télé, est sans doute ce moment où, en 1987, au Kosovo, il cède à la pression des extrémistes serbes lors d'une manifestation. Images exceptionnelles : on le voit hésiter, flairer, finalement agir ; on voit naître physiquement la démagogie. Ce n'est qu'un moment ; mais il concentre un destin et il annonce la suite. Cette suite appartient à l'histoire que l'Europe a refusé d'écrire, sinon à l'encre sympathique. Cette encre est transparente. Elle porte mal son nom. Elle finit toujours par apparaître et par trahir.

Aujourd'hui, il est possible que le pire de l'Histoire ait rattrapé le monde entier ; qu'il soit prêt à le recouvrir. On n'a plus besoin de Milosevic pour comprendre ou juger la criminalité politique du monde. Elle est là. Elle est partout. On n'a plus besoin de Milosevic pour avoir peur d'un monde qui vit très bien, et même très mal, sans lui.

26 avril 2006

Passer la douane avec Rousseau

La première fois qu'il s'évanouit dans la rue, ce fut sur les quais de la Seine, devant une péniche à touristes, et il était midi. Il sortait de l'exposition du Douanier Rousseau, au Grand Palais. La lumière du printemps était apparue la veille. Il faisait presque chaud et ce ne fut pas désagréable. Il était jeune, en bonne santé, il n'eut ni peur ni surprise. Les picotements montèrent, il se sentit descendre, puis tomba pour chasser la nausée, car il avait l'impression qu'il allait se vomir, lentement mais totalement, et il pensa ensuite que si la fin ressemblait à ça, elle n'était pas plus à craindre qu'autre chose, peut-être même moins.

Quand il s'abandonna au sort et aux vieux pavés, ni ses bras ni ses jambes ne le retenaient plus, il avait la gorge dans la bouche, les muscles tombaient le rideau, et la dernière chose qu'il vit fut un petit palmier assez laid, planté dans un pot de bois rectangulaire, dont les feuilles caressaient à la pointe le mollet massif et légèrement piqué de rose d'une Américaine qui passait.

Elle avait un parapluie rouge. Il identifia son accent – *oh, my god, oh, my god !* – mais n'eut pas le temps de voir son visage. Les gens mirent du temps à réagir, on ne sait jamais si les inconscients ne seront pas des menaces, ils gênent, et quand ils se réveillent, ils font peur. Mais de cela, évidemment, il n'a rien su.

Quand il ouvrit les yeux, il crut être dans une jungle apprivoisée, encombrée par des jouets vivants et des santons, une sorte de paradis fixe et trapu. Il se mit lentement à penser, et même à se répéter, tout ce qu'il voyait. Le passé simple recouvrait tout, à commencer par lui, comme un ancien drap de coton. L'impression de revenir d'entre les pages d'une bible pour enfants le reposa : il existait, mais comme au loin, depuis toujours, et cependant il était bien là. Il se sentit moderne et préhistorique ; il avait la puissance d'une armoire ; il n'avait plus rien à prouver.

Les feuilles des arbres et des plantes luisaient. Une femme de ménage devait les avoir dépoussiérées avec un produit. Il pouvait presque sentir l'odeur de la cire. Tout était tropical : aloès, avocatiers, langues de vache, ibiscus, fleurs de lotus et torches ornementales. Les arbres étaient tantôt dénudés par l'hiver parisien, tantôt recouverts par la rondeur des feuilles de flamboyants. Les régimes de bananes ressemblaient à une moquette épaisse des années 1970. Il crut reconnaître des daturas, montés comme une chantilly. Il baignait dans l'étrangeté d'une neige africaine.

Une redingote noire et amidonnée l'habillait, et pourtant il comprit qu'il était nu, comme un totem. De jeunes femmes à têtes de bêtes s'occupaient de lui. Ce n'étaient pas celles qu'il aurait imaginées, elles avaient des mains laides et certaines étaient des hommasses, mais elles ne lui déplurent pas. La première ressemblait à un lion effaré et lui mordait l'épaule droite. Elle ne rugissait pas, ne semblait rien éprouver, comme étrangère à son acte. Simplement, bien qu'elle paraisse suspendue à des fils comme une marionnette, elle était entièrement là. Il la regarda, mais son regard ne disait rien non plus. Il projetait des lueurs animales, légères, d'une sensualité opaque. Il se sentit innocent et cela lui plut. Pourquoi innocent ? Il ne savait pas et ne voulait pas le savoir. Ici, pas de psychologie, et cela lui plut aussi. Autour de lui, tout le monde en faisait : les hommes, les femmes, les enfants, les livres, les films et même les animaux. Lui-même ne cessait d'en faire, surtout quand il allait mal. On ne comprenait jamais rien aux autres ni à soi-même, et la psychologie était la manière qu'on avait trouvée de ne pas l'accepter. Ici, tout semblait naître d'être accepté.

Une autre femme ressemblait à un cheval. Elle avait les cheveux désoxygénés d'une ex-fan des *sixties*. Comme ceux des autres, ses yeux étaient des calots de cour d'école. La jungle dissimulait ses jambes, mais elle portait sans doute un patte d'eph'. Elle lui caressait les cuisses. Ses mains étaient un peu rêches. Il s'aperçut qu'il bandait, mais ce ne devait pas être son sexe, car il était absolument disproportionné.

Une troisième femme lui effleurait les seins avec ses plumes : c'était un perroquet. Il regarda son bec et il eut envie de s'endormir dedans. Ce bec était entouré et saturé de vert. C'était un berceau. D'énormes fleurs roses, des lotus probablement, l'entouraient. On aurait dit des lampes de chevet trop grosses pour l'appartement qu'elles illuminaient. Les corps et les choses, ici, n'avaient aucune mesure. Ils existaient à leur façon, insouciante. Ils étaient nés avant le dessin et peut-être qu'ils lui survivraient. Peu à peu, la jungle et les choses s'évanouirent. Il vit de vraies têtes autour de lui, un médecin, des inconnus, et toute l'inquiétude qu'il avait oubliée lui rappela ses droits. Une phrase du Douanier Rousseau lui revint : « *Un jour que je peignais un sujet fantastique, j'ai dû ouvrir la fenêtre, car la peur me prenait.* » Comme il le comprenait, soudain. Il eut peur de mourir, ou de vivre, et il se remit à faire de la psychologie.

Le lendemain, il retourna voir l'exposition. Il s'aperçut que, si les enfants l'aimaient, la plupart des adultes s'ennuyaient. Ils venaient voir de la peinture pour se croire intelligents, mais ici, il n'y avait pas de message, de subtilité érudite. Il n'y avait que de la peinture. Il s'arrêta devant les tableaux qui le touchaient : le portrait de Pierre Loti, qui n'est pas forcément Pierre Loti. Il aimait les quatre petites cheminées d'usine fixées en épaulettes à droite et, devant, ce chat phénoménal, aux yeux roux comme son pelage, qui semblait annoncer les félins de Balthus, mais sans leur perversité : la sensualité, ici, était bonne. Plus loin, il s'arrêta devant *Moi-même, portrait paysage*. Le peintre était un géant en costume noir sur un quai, celui de l'évanouissement peut-être. Derrière, un voilier à la mâture couverte de pavillons multicolores. Sur la palette qu'il tenait, écrits à l'envers, deux prénoms : Clémence et Joséphine ; ceux de ses femmes, mortes – comme six de ses sept enfants. La vie du Douanier n'avait pas été facile. L'innocence était une façon de résister.

Après avoir quitté l'exposition, comme la veille, il s'évanouit. À son réveil, la jungle était de nouveau là, il se sentit heureux, et fit ce qu'il pouvait pour ne plus en sortir.

Exposition « Le Douanier Rousseau », Galeries nationales du Grand Palais, jusqu'au 19 juin 2006.

2 août 2006

Trois peintres en été

Le 18 juillet 2006, vers 11 heures, un vieil homme de haute taille entre au musée Reina Sofia de Madrid. Il est venu du centre par le quartier populaire de Lavapiés. Il a quatre-vingt-dix ans. Dehors, il fait un peu plus de 30 degrés. En chemin, le vieil homme a bu sa première bière « sin », sans alcool, de la journée. Il déteste la bière sans alcool, boisson de consolation et de résignation. Une olive avec un anchois adoucit ses regrets. Il sue un peu. Dans le musée, il fait frais. Le vieil homme vient souvent voir *Guernica*.

La courbe de ses épaules est comme affaissée dans la solidité de la charpente. Elle ne parvient pas à masquer son élégance et des souvenirs précis de musculature. Ses cheveux épais et blancs sont comme toujours parfaitement mis en plis. Son costume gris est repassé, mais son nœud de cravate est de travers. Il a laissé son chapeau à la consigne. De nationalité espagnole, il a fui l'Espagne en 1939. Il a été résistant, déporté, communiste, clandestin dans la lutte antifranquiste. Il est revenu au pays quelques années avant la mort de

Franco. S'il s'appelait Jorge Semprun, auquel il ressemble tant (on le lui a souvent dit, ça l'énerve, mais il ne peut pas s'empêcher de lui ressembler), il aurait écrit des livres sur sa vie, d'une émotion un peu histrionique. Il aurait peut-être fini par devenir ministre et éditorialiste. Mais ce n'est pas Jorge Semprun : c'est un vieux républicain qui se prend pour Jorge Semprun les jours où il ne s'aime pas.

18 juillet 2006 : il n'a pas choisi cette date au hasard. La presse espagnole consacre de nombreux articles au soixantième anniversaire du coup d'État franquiste, soixante ans plus tôt. Dans *El País*, l'historien Paul Preston, auteur d'une importante biographie sur Franco, rappelle que le petit général de Ferrol hésita jusqu'au dernier moment. Dans une lettre au gouvernement républicain écrite quelques jours avant les événements, il propose encore ses services au chef du gouvernement, si l'on est disposé à reconnaître son mérite. On ne lui répond pas. Certains généraux putschistes l'appellent avec mépris « Franquito » (Le petit Franco, un diminutif faisant allusion, au mieux, à un manque de virilité) ou « El cuco » (le malin, la girouette). L'ambition attire les « cucos ». Elle en fait parfois des dictateurs.

À droite, des hommes politiques et des éditorialistes assurent aujourd'hui qu'il faut cesser d'ouvrir les plaies et de régler des comptes qui ne l'ont pas été. Ils le font au nom de la raison et du bon sens. Le vieil homme, qu'on appellera Semprun (*bis*), pense ceci : le bon sens est le nom que donnent les réactionnaires au silence et à la tranquillité dont ils profitent. C'est la chose la mieux partagée du monde par ceux qui ne partagent pas. Sa colère n'a jamais disparu. Il y a quelque temps, dans un village de Navarre, on a enterré l'un de ses compagnons de lutte. De vieilles femmes sont venues. Sur le cercueil, elles ont ôté leur châle. Chacune portait sur la poitrine l'insigne du gouvernement républicain. Le suçon de l'Histoire ornait leurs peaux fanées. Il a failli pleurer.

Semprun (*bis*) est venu voir l'exposition de l'été, « Picasso, tradition et avant-garde ». Cette exposition a lieu dans deux musées : au Prado, au Reina Sofia. Dans le premier, plusieurs tableaux du peintre sont mis en perspective, de manière soit peu compréhensible, soit trop compréhensible. Ils sont installés de part et d'autre d'un tronc central sur lequel figurent quelques célébrités du musée. Le « clou » du spectacle est la mise en miroir des *Ménines* de Velazquez, qu'on n'a pas déplacées de la grande salle ovale vouée à ce peintre, la grande salle de l'orgasme central, et des *Ménines* de Picasso, datant de 1957. Elles se contemplent à trois siècles de distance par une porte ouverte entre des touristes en shorts avec appareils numériques. Certains portent un bob. Ils semblent tantôt ravis, tantôt ennuyés, souvent les deux. L'effet est trop évident : on est à la télé.

Semprun (*bis*) préfère la seconde partie de l'exposition, au Reina Sofia, car elle est concentrée sur *Guernica*. L'œuvre fut peinte entre le 1er mai et le 4 juin 1937. Les multiples tableaux et études qui la préparent se poursuivent après son achèvement, comme des hoquets et des débordements. Aucun n'épuise ce vers quoi ils convergent. Semprun (*bis*) regarde *Guernica* en pensant à sa vie, au destin de l'Espagne et du monde. Ce jour-là, de nouveaux bombardements ont lieu au Liban. Franco est mort en 1975, l'année où débuta la guerre du Liban. *Guernica* se prolonge toujours, ailleurs ; c'est la peinture qui révèle la nature du monde : non pas son actualité, qui s'efforce de faire peau neuve, mais son destin, tragiquement immobile. Dans l'exposition, trois tableaux mis en vis-à-vis résument ce destin : *Les Fusillades du 3 mai*, de Goya, qui vient du Prado ; *L'Exécution de Maximilien*, de Manet, qui vient de la Kunsthalle de Mannheim ; et *Guernica*.

D'un certain point de la salle, en bougeant à peine la tête, on peut voir ces trois tableaux pour la première fois réunis. Semprun (*bis*) trouve ce point assez vite. Il s'y pose comme un échassier, debout, immobile. Peu de visiteurs semblent avoir compris que le sens de l'exposition se trouve là, dans ce mètre carré panoptique. Peu à peu, il a l'impression de revivre la guerre, l'exil, sa vie, ses échecs, ses deuils, les victimes et les bourreaux qui suivront. Les soldats de Goya sont cambrés sur l'acte de tuer, jambe gauche en avant, comme des lutteurs saisis de fureur. Ceux de Manet se tiennent droit, presque absents dans l'acte de mort. L'un d'eux recharge son arme paisiblement. La peinture l'a déposé hors de la scène. Les bouches à dents du peuple de *Guernica* font jaillir l'effroi que Goya avait saisi et que Manet a refroidi.

Dans son dos, le vieil homme sent la présence du quatrième tableau : *Massacre en Corée*, de Picasso. Il date de 1951 et rappelle celui de Goya. L'un et l'autre sont des tableaux politiques. Semprun (*bis*) préfère celui de Goya. Le temps, ou sa qualité propre, lui a enlevé ses oripeaux d'actualité. Il ne démontre plus rien ; il montre ; il fixe le destin.

« C'est là qu'il faudrait mourir, se dit le vieil homme. Maintenant. Sous ces tableaux. »

Mais il n'a qu'un malaise, un léger malaise, sans doute dû à la chaleur. On l'assied, on lui donne de l'eau. Un médecin prend son pouls et sa tension. Finalement, il rentre chez lui à pied. Jorge Semprun, lui, serait mort sur place, une très belle fin.

11 octobre 2006

Le mur et les nains

La vie continuait, c'était pas mal, et on avait mis des murs partout. Celui de Berlin ne semblait être tombé que pour se multiplier autrement. Non plus sous prétexte de politique, ce mot crevé, mais de démographie et de sécurité. Il faut toujours inventer des prétextes aux instincts.

On avait mis des murs au Proche-Orient, en Europe de l'Est, au sud des États-Unis, de l'Italie et de l'Espagne, en Turquie, en Irak entre sud et nord, et dans les pays lointains. On parlait d'en construire sur d'autres planètes dès qu'on les aurait conquises. Un mur était prévu, doublant les antibruit du périphérique, entre Paris et ses banlieues. Le maire de la capitale, un humaniste progressiste, y exposerait des œuvres formidables, côté intérieur. Les murs seraient une ouverture sur l'art et sur le monde. Les artistes feraient quelques discours paradoxaux. Au-dessus du mur flotteraient les grands yeux clairs d'un photographe comme Salgado. Il y aurait un parterre de fonctionnaires culturels naturellement extasiés, de jolies femmes intelligentes. Le jour de l'inauguration, il pleuvrait.

On parlait aussi de reconstruire la muraille de Chine pour arrêter les vents de Mongolie qui ravageaient Pékin. Certains météorologues affirmaient que cela marcherait. En tout cas, le contraire n'avait pas été prouvé. La consommation de scientifiques augmentait.

Les murs envahissaient tout. Des couples se séparaient sans avoir les moyens de vivre dans deux appartements : ils élevaient un mur « symbolique » entre eux. Peut-on vivre à deux séparés par un mur ? Peut-on le construire à deux ? Et qui l'entretient ? On avait fait quelques émissions de témoignage là-dessus. Des talk-shows, des essais avaient suivi. Certains obtinrent du succès.

Quelqu'un rappela ce vieux fait divers auquel personne ne fit vraiment attention. Un adolescent schizophrène terrorisait sa famille (père, mère, frère). Son raisonnement était le suivant : puisque ses parents allaient mourir un jour, lui et son frère étaient déjà héritiers, donc la moitié de la maison lui appartenait. Avec de la peinture, il avait tracé une ligne qui divisait l'espace en deux parties absolument égales. Ensuite, il avait obtenu des autres qu'ils vivent d'un côté et ne franchissent jamais la ligne. Ils s'étaient soumis. Plus tard, il les avait tués à coups de fusil avant de retourner l'arme sur lui.

Cet homme riche avait peut-être lu le fait divers, en son temps, ou peut-être pas. Des murs partout, se disait-il, pourquoi pas moi ? Son problème était de protéger ses nains de jardin. On disait que c'était la première collection d'Europe. Il les avait dispersés un peu partout dans le parc de la demeure familiale. Leur chair grasse et pâle venait de Limoges : il avait passé là-bas un accord avec un grand porcelainier. Quelques articles avaient fait la publicité du second en attirant des foules vers le parc du premier. La demeure avait fini dans des guides touristiques chinois et japonais. Ce n'était pas le pire. Les Asiatiques étaient disciplinés. Ils ne franchissaient pas la ligne jaune (il aimait cet humour-là).

Le pire était un squat d'Africains qui s'étaient installés à proximité, dans une grande maison abandonnée. Des Africains, il en venait partout et de partout, malgré les murs, ou peut-être à cause d'eux. Même si les murs les attiraient, il n'était pas question d'y renoncer. Contrairement aux touristes asiatiques, les squatters entraient dans le parc. Ou du moins certains d'entre eux. Mais comment les reconnaître ? Eux aussi semblaient aimer les nains de jardin. Il leur arrivait de les voler. Les vigiles du parc en avaient tué quelques-uns. C'étaient des accidents. Il y avait eu des articles indignés, de moins en moins. On ne lisait plus ces articles-là. Les Africains revendaient les nains de jardin ou les offraient à leurs enfants.

Élever un mur devenait pour le propriétaire une nécessité. Il fit appel à Bouygues. Ensuite, il fit électrifier l'ensemble. Il y eut des alarmes, des caméras, des lumières la nuit. On se serait cru à Guantanamo ou en Afrique du Sud. Ça tombait bien, il avait aimé Cuba et l'Afrique du Sud. Dans ces pays magnifiques, les nains de jardin auraient été à leur place. Ils aimaient les espaces verts, le ciel immense. Ils rapportaient la nature à leur échelle, qui était celle de la petite enfance. La disproportion était leur raison d'être : ce monde disproportionné leur convenait. Avec les murs, les nains de jardin se multipliaient.

Les siens, depuis quelque temps, n'étaient plus seulement de porcelaine. On les faisait venir vivants des pays lointains. C'étaient des nains issus de régions misérables. Là-bas, on les éliminait : mieux valait pour eux être vendu et finir dans un joli parc européen. Ici, on les habillait, on les engraissait. Les nains devaient respirer la joie, la santé. Il s'agissait d'un trafic humaniste. En construisant un mur, le propriétaire protégeait ses nains. Il avait décidé d'en finir avec sa vieille clôture le jour où un Africain avait tué (sans le vouloir) un nain africain qui refusait de se laisser enlever. Il n'y avait plus de principes.

Ou plutôt : le monde était devenu ce lieu où les principes ne vivent qu'en serre, comme certaines orchidées du Venezuela, et finalement comme les nains de jardin. Pour vivre les principes, il fallait rester au chaud, entre soi, au pays des merveilles, dans un espace soigné mais artificiel. On s'asseyait dans un fauteuil d'osier avec des amis, des pareils aux mêmes. On buvait un whisky, un rhum ou un *diet coke*, en fumant un cigare ou rien. Il y avait encore de jolies femmes, du parfum. Un philosophe à brushing, invité, faisait la morale en parlant de Platon, de Kant ou des stoïciens. Parfois, un nain de jardin l'écoutait. Ici, on pouvait enfin vivre les principes, respirer leur arôme, déguster leur bouquet. Ils étaient beaux comme des sous neufs : ils ne serviraient jamais à payer que ce qui l'était déjà par le malheur des autres. Les principes ne s'accommodaient plus de leur présence, aux autres – surtout s'ils les concernaient.

7 mars 2007

Petits maîtres anciens

On bat les cloches de la campagne. Les enjeux s'étalent et s'alourdissent. Les candidats majeurs passent à la pesée des illusions, des convictions, des possibilités. On apprend parallèlement que « *le moral des ménages poursuit son redressement* ». Qu'on nous donne l'adresse du kiné.

Pour se détendre et pour voir des chapeaux, le mieux est d'aller rendre visite à quelques peintres mineurs. Au Petit Palais, une merveilleuse exposition printanière[1] conjugue les tableaux de deux artistes dont le classicisme hors d'âge eut les faveurs du public bourgeois et des institutions au tournant des siècles dix-neuf et vingt : l'Anglais John Singer Sargent (1856-1925) et l'Espagnol Joaquin Sorolla (1863-1923). Ils peignent malgré eux, le doigt sur les couleurs – mais quel doigt, et quelles couleurs ! –, la fin d'une époque.

On les a jumelés, leurs clients se ressemblaient : des nobles, des bourgeois fortunés, parfois des écrivains. Le titre de l'exposition, « Peintres de la lumière », signale que leur splendide archaïsme accueille quelque chose de

1. Jusqu'au 13 mai.

l'impressionnisme. Une partie de la critique réprouve ce jumelage entre deux hommes qui se connaissaient à peine : il ne permet pas de savoir jusqu'à quel point chacune des œuvres « tiendrait » une exposition entière. Elle ne « tiendrait » peut-être pas. Mais cet enjeu est, pour quelques heures, plus vain que le jeu auquel le public (et moi le premier) préfère en général se consacrer : comparer l'un à l'autre et, comme un enfant, discuter sa préférence – et ses exceptions.

Pourquoi se sent-on si à l'aise avec ces peintres mineurs ? Parce qu'ils nous reposent du mouvement de l'Histoire et de l'idée d'avant-garde. Leurs personnalités sont soumises à une technique apprise, au poids des maîtres. Ils peignent le peuple en activité, les bourgeois à la pose, avec les artifices des anciens. On voit ce qu'ils ont de bon élève et d'éternel artisan. Parfois, c'est sublime. Parfois, c'est kitsch. On s'y repose en beauté, en douceur. Leurs talents conservent leur héritage, comme s'ils se sentaient indignes de le risquer ailleurs.

Faiblesse ? Modestie ? Défaut de capacité ? Qu'importe. Dans un monde où toute idée de transmission et d'héritage devient la marque honteuse ou revendiquée de l'ordre et du conformisme, les petits maîtres ont des vertus traversières. Leur traditionalisme fait oublier un moment les conquérants déclarés et les amateurs professionnels de nouveauté. Leur immobilisme ne rend nostalgique de rien. Le bon goût est libre de danser avec le mauvais, et ils ne s'entendent pas si mal. Tout se reprend, se suspend. On éprouve une paix sensible, semblable à celle de Ronsard en sa vieillesse : « *Il faut laisser maisons et vergers et jardins,/Vaisselles et vaisseaux que l'artisan burine,/Et chanter son obsèque en la façon du cygne/ Qui chante son trépas sur les bords Méandrins.* » À la sortie, un vieil homme me disait : « *Après ça, je suis allé voir les Courbet. Eh bien, c'est comme si toutes les lumières s'étaient éteintes.* » Le génie réaliste, ce n'est pas pour tous les jours.

D'emblée, il y a ce portrait de Stevenson par Sargent. L'écrivain, efflanqué, avance vers la gauche du tableau, légèrement penché, comme un palmier sous le vent de l'île où il finira. D'une main, il se tient la moustache. L'autre est à moitié dans une poche. À l'opposé, affalée dans un fauteuil et coiffée d'un châle, sa femme, Fanny, somnolente ou pensive, se défait dans l'indifférence de la peinture. On la devine à peine : elle appartient au décor. Entre les époux, un mur rouge sombre au milieu duquel une porte ouvre sur le noir d'un couloir. Laissons les interprétations au silence. Le tableau a été peint en 1885. Les Stevenson sont installés à Bournemouth. Henry James leur rend souvent visite. C'est le moment où le romancier écrit *L'Étrange Cas du docteur Jekyll et de Mr Hyde*.

Sargent a peint comme Sorolla de nombreux portraits « à la manière » des classiques espagnols. Beaucoup les considèrent comme de puissantes croûtes, telles que les pompiers en produisaient. Huysmans, au Salon de 1885 justement, a réglé leur compte à ces quasi-pastiches : « *Comme M. John Sargent avec ses misses et son portrait de dame semble prétentieux et jactant ! puis ces poses soulignées, ces gris et ces rouges pris à Vélazquez et à Goya, ces mains fuselées, bizarres, brossées à l'imitation de certains Hals inachevés de Harlem, tout le côté faussement curieux de cette exécution empruntée de toutes parts et raccordée par une apocryphe fougue, écrasent et lassent.* » (*Écrits sur l'art*, éditions Bartillat.) Huysmans condamne l'esprit d'imitation. Le jumelage de l'exposition empêche de s'en lasser. Il n'écrase pas ; il allège.

Finissons par Sorolla. Longtemps, dans la Madrid franquiste, son musée (créé en 1931) fut (bien après le Prado) une oasis. Le musée de La Havane possède également des œuvres : la bourgeoisie coloniale hispanique en raffolait. Le portrait qu'il fit de ses trois enfants est saisissant : un fils debout en noir, l'héritier, et deux fillettes assises en robe rouge sang. Le visage de la seconde, presque allongée sur le divan, est mangé par la grimace de l'ombre, comme celui d'une créature de Goya. Bizarre violence, presque timide, glissant sous le vernis du bonheur, de la politesse, de la tenue.

Mais ce sont les scènes de plage et de femmes endormies dans l'herbe qui, à la fin du parcours, enveloppent corps et conscience. La chair et les regards baignent dans une lumière verticale. Proust ? Fitzgerald ? Oui et non : le paradis n'est encore ni perdu ni retrouvé. Il est là, direct, flottant, suspendu, sans envers. Il faut peut-être s'arrêter là, devant ces cabines de bois, entre les plis du ciel et d'une robe rose, sous la main d'un petit maître que l'insouciance ou la modestie rendent, pour un instant, très légèrement absolue.

28 mars 2007

UN SOIR, CALIBRE 9

Jeune, brune, les cheveux longs, d'une sévérité pâle et douce, rappelant vaguement ou précisément Nana Mouskouri selon les attitudes et les instants, la magistrate assise à gauche de la présidente du tribunal correctionnel éloigne sa beauté quand elle ôte ses lunettes pour mieux voir celui qu'elle doit juger. Elle les remet pour lire ses dépositions ou les faits qui lui sont reprochés. Les traits et la peau tendre ont besoin d'être durcis par la monture d'écaille sombre, peut-être pour vivre ici, entre briques et moquette, dans le murmure des giboulées caressant les vitres de la quatorzième chambre.

C'est un Arabe de la cité des 3000, à Aulnay-sous-Bois : « *Les 3000,* dit-il, *j'y suis né, j'y reste.* » Elle fut bâtie en 1969 pour les ouvriers et les cadres de Citroën. Son nom originaire est La Rose des vents. Ensuite, les vents ont tourné. Puis ils ont cessé. Il n'y a plus de cadres aux 3000, et très peu de Blancs.

Le prévenu n'a pas pris d'avocat. Il porte un polo gris et beige. Il est trapu, musclé. Son cou est large et son nez un peu écrasé. Il a vingt-cinq ans. Quelques cicatrices signent son crâne presque rasé. À la barre, il marmonne plus qu'il ne parle, une cadence saccadée, vite exaspérée, puis dissoute dans l'inutilité – ou l'impossibilité – des mots. Un ami noir l'accompagne en soutien. Il porte un tee-shirt désignant une rue de New York. Pendant la suspension d'audience, attendant le délibéré, revient le naturel de la langue : ils se parlent sans cesse à voix basse, se racontent des histoires de quartier, rigolent et se tapent dans les mains. Rien de ce qui pourrait arriver ne semble alors devoir les perturber. On est au tribunal de Bobigny.

Une nuit, il y a trois ans, des policiers ont arrêté le prévenu. Il conduisait une voiture. Elle appartient à un ami. Il n'a pas de permis de conduire. Dans le coffre, il y a deux bombes lacrymogènes, deux couteaux, un rouleau de scotch et une lime. Sous la voiture, on trouve un bonnet et deux cagoules, avec trois trous, deux pour voir et un pour respirer. À côté, un calibre 9.

Il y avait deux passagers, qui ont fui. On ne sait pas qui c'est. Le prévenu dit que les armes et les cagoules leur appartenaient sans doute, qu'il n'a rien vu.

– Ces personnes, dit la présidente, vous les connaissiez bien, un petit peu ou pas du tout ?

– Pas du tout. J'ai jamais dit que j'les connaissais.

– Si. Vous avez dit que vous les connaissiez, que vous les aviez déjà vues avant.

– J'les avais vues, mais j'ai jamais dit que j'les connaissais.

Il passait. Ils étaient à pied. Il a voulu leur rendre service. Ce sont eux qui ont dû déposer à son insu le flingue, les couteaux, le bonnet, la cagoule. Il ne sait pas qui c'est. La présidente est lente. C'est l'ordinaire. Elle paraît accablée et feuillette lentement le dossier.

– Ils étaient d'origine africaine ou nord-africaine ?

– C'est des Arabes comme moi.

– Et vous n'avez pas cherché à savoir qui c'était par la suite ? Parce qu'ils vous ont mis dans cette mauvaise passe.

– Ils avaient mis des manteaux longs, comme j'lai dit, des sortes de parkas. Mais j'sais pas qui c'est.

Nana Mouskouri dépose ses lunettes. D'une voix forte, agressive, elle fait l'inventaire des objets trouvés.

– Comment vous expliquez qu'on ait trouvé des choses dans le coffre de votre voiture ?

– Vous savez c'qu'ils ont trouvé, dans l'coffre ? Le scotch et une lime. C'est tout à fait banal dans une voiture.

– Donc vous faites une différence entre les objets. Et vous avez une explication pour le bonnet ?

Des analyses ADN ont prouvé qu'il l'avait touché, porté peut-être. On l'avait jeté sous la voiture, avec les cagoules et le flingue.

– Non. Je sais pas. C'est pas à moi. D'ailleurs, ils ont trouvé deux cagoules et pas trois. Si j'avais été avec eux, pourquoi ils en ont pas trouvé trois ?

L'hypothèse de la préparation d'un hold-up est suggérée par celui qui la nie.

– Monsieur, reprend la troisième juge, vous savez ce que c'est, l'ADN ? C'est quelque chose qu'on trouve par la peau, les cheveux. La probabilité, c'est que ça appartient à une seule personne sur toute la population mondiale. Et cette personne, ici, c'est vous.

Elle parle d'une voix douce, pointue, enfantine. On dirait une petite fille qui a vieilli dans sa robe noire. La présidente reprend :

– Donc, vous avez une explication sur ce bonnet que vous avez nécessairement touché, puisqu'on en a la preuve scientifique ?

– Non. Je sais pas. Je sais pas comment expliquer ça.

Il tient la barre, sans bouger. Le silence dure. La présidente rappelle son casier judiciaire. Possession d'arme, vol, recel, rébellion et outrage à une personne dépositaire de la force publique. Il avait vingt ans. Mais, depuis quatre ans, rien. Le père est décédé. La mère travaille.

– À l'époque, dit la présidente, votre mère en avait marre. Elle ne voulait plus de vous à la maison. Vous vivez de nouveau chez elle ?

– Oui.

Il travaille dans une association pour l'insertion des jeunes. On le paie 1 150 euros net par mois. Pourquoi le faire replonger ? Relaxé. On le prévient qu'il vaudrait mieux qu'on ne le revoie pas. Il part en souriant avec son pote.

Pendant la suspension, quelques personnes vont aux toilettes. Celles du tribunal sont fermées. « *Depuis trois ans,* soupire un huissier. *Plus de toilettes, plus d'ascenseurs. Tout s'barre en cacahuètes.* » Il faut rejoindre celles du parquet des mineurs. Elles sont assez sales pour que les gamins des cités, présents en masse, refusent d'y entrer. Ils sont choqués. Un papier collé sur la porte indique « Toilettes ». Dessous, quelqu'un a écrit « de porc ». D'après l'huissier, il arrive que les gens pissent maintenant dans les plantes vertes. Il ajoute en souriant qu'il faut croire qu'elles ont la vie dure, puisqu'elles survivent.

25 avril 2007

L'ABSTENTIONNISTE

Un jour, Louis s'aperçut qu'il commençait à parler comme Nicolas Sarkozy, pour qui il n'avait jamais eu l'intention de voter : quand on lui posait une question qui l'agaçait, il répondait par une question agaçante. Il s'aperçut, un peu horrifié, puis de moins en moins, que c'était un bon moyen d'avoir le dernier mot. Agaçante, la question l'était toujours, mais surtout fausse, car toujours pleine de bon sens. Ou plutôt : d'autant plus agaçante et fausse qu'elle semblait pleine de bon sens. Donc sans réplique. Les journalistes n'en demandaient pas tant. Louis avait cessé d'écouter Sarkozy. Il trouvait que le bon sens des autres était encore plus fatigant que leur manque d'imagination. D'ailleurs, c'était la même chose.

Avec Sarkozy, se disait Louis, on n'est pourtant pas dans une blague juive. Les blagues juives sont pleines de rabbins qui ne répondent que par des questions. Seulement, les rabbins ne se contentent pas de déstabiliser les certitudes de ceux qui les interrogent. Ils posent de vraies questions : ces boxeurs sont des entraîneurs. Ils sont là pour faire gagner ceux qu'ils font réfléchir. D'ailleurs, concluait Louis, tous les Hongrois ne sont pas juifs, et Sarkozy pas davantage. Même Le Pen, qui ne lui trouvait pas assez d'ascendants français pour devenir président – Ach, cher Le Pen ! –, semblait en convenir.

La campagne avait de plus en plus tourné autour de ce grimaçant petit homme, pour ou contre lui. Il en connaissait les risques. Il l'avait voulu. Il était le centre de *gravitude*, comme aurait dit l'autre, celle qui parlait à côté de ses mots. Ils l'appelaient tous « Ségolène », comme une mère ou une sainte. Avec amour, avec mépris. Comme s'ils la connaissaient personnellement ou comme s'ils voulaient l'abaisser. Aucun d'entre eux n'aurait publiquement appelé Sarkozy Nicolas, ni Bayrou François, ni Le Pen Jean-Marie. C'était un tic d'enfant ou de militant, pas d'électeur. On ne vote pas pour des prénoms. Appeler Royal Ségolène signifiait-il qu'on se l'appropriait ou qu'on la rejetait ? Louis n'irait pas voter pour le savoir. Il posait de fausses questions car il n'avait plus de réponse.

Tout avait commencé dans un dîner avec des potes en début de campagne. Deux ans plus tôt, ils avaient voté non à la Constitution européenne. Leur amertume était palpable, dans l'air du temps et du printemps. Ils avaient le sentiment de n'avoir été entendus ni par les porteurs du oui, ni, ce qui était plus grave, par ceux du non. Tout refus était une question. Ici : quelle Europe et quel pays nous fabriquez-vous, sous votre langue incompréhensible ? En réponse, ils n'avaient entendu de la part des porteurs du oui que cette question : et vous croyez que voter non, c'est dire oui à l'Europe ? Sous-entendu : pauvres cons.

Ils avaient cru un moment que les porteurs du non allaient, eux, répondre quelque chose. Ils s'étaient émiettés, autodétruits. Que leur restait-il ? De vieux discours, soudain dépassés. La gauche de gauche rappelait maintenant cette réflexion d'un vieux philosophe, Kierkegaard : *« Il est une espèce de réflexion où l'on perd complètement son objet : celle où l'on agit comme le corbeau qui perdit son objet (le fromage) à cause de l'éloquence du renard. Cette réflexion est aussi le symbole de la doctrine idéaliste qui, lorsque tout fut perdu, ne garda plus qu'elle-même. »* De l'idéalisme du non, car c'en avait été un, il ne restait rien d'autre que le non. Tiens, Kierkegaard était danois.

Les élus avaient quand même fait semblant d'entendre la demande, ce qu'ils appelaient « le message ». Mais ils avaient continué comme si elle n'avait pas eu lieu : soit la même politique, soit les mêmes querelles. Maintenant, la campagne présidentielle avait lieu, et il n'avait presque pas été question d'Europe, du non à l'Europe ; de ce que signifiait ce non sur la France en elle-même et en Europe.

Donc, en l'absence de réponses, pourquoi ne pas poser des questions à propos de tout et de rien – simplement pour qu'on lui foute la paix ?

Ce soir-là, comme d'habitude, quelqu'un lui avait dit :

– Tu veux du vin ?

– Non, merci.

L'autre avait insisté – en prenant le reste de la table à témoin :

– Tu n'aimes vraiment pas le vin ?

– Est-ce qu'il faut aimer le vin pour être ton pote ? Est-ce qu'il faut boire pour se sentir français ?

Les autres se turent. Il les observa, satisfait. Plus tard, quand sa femme protesta parce qu'il n'avait pas acheté les six litres de lait pour leur nourrisson, il répondit : « Est-ce que tu m'aimes parce que je vais chercher le lait ? » « Non, mais ça y contribue. » Elle n'était pas journaliste politique sur Europe 1. Elle ne savait pas se taire.

Peu à peu, les fausses questions l'envahirent. Est-ce que je me prendrais pour Sarkozy ? se demanda-t-il. Une voix lui répondit : est-ce que se prendre pour Sarkozy serait une honte ? Il n'osa pas dire : oui. C'était pourtant ce qu'il pensait.

Finalement, il avait décidé de ne pas voter. Il s'était vite rendu compte que, pour les autres, s'abstenir en 2007 était à peu près aussi honteux que d'avoir voté Le Pen en 2002. « Comment ! Tu ne votes pas ? » « C'est une liberté civique. Est-ce qu'être libre fait de moi un mauvais Français ? » Sarkozy lui avait au moins appris quelque chose.

Et, tandis que les autres faisaient leur devoir du dimanche, lui s'installa dans un jardin public, les pieds dans les pigeons. Il ouvrit *Oblomov,* de Gontcharov, l'un de ses romans préférés. C'est l'histoire d'un homme qui ne sort jamais de son lit et dont le teint *« n'était ni rose, ni mat, pas véritablement pâle non plus ; neutre plutôt, ou du moins ayant cette apparence, et cela peut-être parce que Oblomov était prématurément un peu flasque, faute d'exercice, ou faute d'air, ou faute d'exercice et faute d'air à la fois »*. Ou faute de conviction et d'idéalisme, qui sait ? Et il se dit que, désormais, à chaque campagne, plutôt que d'aller voter, il relirait *Oblomov* en attendant Godot.

2 mai 2007

Ode aux couche-tard

L'avenir appartient à ceux qui se couchent tard. Le présent n'est à personne. Je parlerai du passé plus tard. L'avenir est comme la France, mieux vaut lui foutre la paix. À force de courir devant les autres, il est si vieux. Et si seul, et si nerveux... Avec lui, on sent beaucoup, mais on n'y voit rien. Tant mieux.

L'avenir, c'est la nuit : au royaume des voyants, les aveugles sont rois. Les gestes qui les prolongent sont imprévus, ou de trop. Ils deviennent vite inévitables. Ils recueillent les petits papiers et les cœurs qui traînent. Par courriel, on reçoit quotidiennement d'Amérique des spams en faveur du Viagra, de montres et du boursicotage, mais aussi quelques prospectus vantant des hormones qui feraient tutoyer l'éternité. Titre générique : *Be immune*. La nuit fait peur, mais elle n'immunise pas. Les hormones de protection et les gardes du corps restent à l'entrée. On aimerait donner des coups dans les mollets des péristyles sécuritaires. La nuit, on est parfois très doux, mais on n'est pas gentil.

La nuit est l'avenir : c'est un commencement. Elle ne continue pas. Elle recommence. Elle résiste. Elle est paresseuse. Elle est violente. Elle agit là où on ne l'attend pas. Elle ne se résigne pas aux automatismes, aux satisfactions, à la loi. Elle ne mérite aucun culte. Elle ne projette aucune morale. Ce sont toujours les impuissants qui font la morale. La nuit, tous les impuissants sont gris.

La nuit est une présence, un passager à l'angle. Un désordre y vaut toujours mieux qu'une injustice. Mais la nuit est également injuste, et ingrate. Elle fait payer ses charmes à ceux qui la suivent. Il arrive qu'elle déçoive ou qu'elle tue. Et alors ? Je veux la nuit, je veux les commencements : beau slogan électoral. Pour une aube choisie. Pour une aube réussie. Pour tout ce qui suit, dans une certaine lumière, soudaine, profonde et détachée. Et pour être sûr de n'être pas élu : ceux qui se couchent tard ne sont pas si nombreux. Ils le seront de moins en moins. Trop de candidats ont des gueules de sonneries à l'aube imposées. Il paraît qu'à force de les entendre les gens finissent par aimer ça. L'avenir est minoritaire.

Dormez la nuit, braves gens ? Mais non, ne dormez pas : c'est l'heure où ça tremble. Ne laissez la nuit ni au sommeil, ni aux cauchemars, ni aux feuilletons, ni aux patrons, ni aux discours qui vous endorment. Apprivoisez l'insomnie, l'alcool, les cachets, les livres, la solitude, le silence, les corps, les douleurs, les jouissances, les extrémités sensibles. Apprivoisez ce qui vous manque et faites entrer l'ennemi : des sources autorisées m'apprennent qu'il y a toujours une place pour lui. Glissez-vous dans les ombres des objets. À partir d'une certaine heure, elles prennent des formes qui ne sont qu'à vous. Alors, ces objets seront les vôtres : ce qui vous appartient vraiment, c'est ce que vous n'attendiez pas. N'oubliez ni les caresses ni les soupirs. Ne les laissez pas aux lendemains qui de toute façon ne chantent pas, ou si faux. Ne laissez rien. L'avenir prendra tout.

Gaston Bachelard disait qu'un homme seul est toujours en mauvaise compagnie. Un homme qui ne l'est pas est-il en bonne compagnie ? Sondeurs et sociologues de débat, plutôt que de combat, l'affirmeront. Les périodes électorales permettent d'en douter. Si un homme seul est en mauvaise compagnie, c'est peut-être parce que la bonne ne lui vaut vraiment rien. L'avenir appartient à ceux qui se lèvent seuls, plutôt que tôt, car ils n'en savent rien.

Sans doute vous levez-vous tôt. Mais voulez-vous vivre dans une France de gens qui se lèvent tôt ? Voulez-vous boire votre café dans les plis du drapeau ? Voulez-vous que tout soit propre et organisé en fonction du plus tranquille et du plus fort ? Il est étrange d'entendre, dans l'exiguïté hexagonale, tant de rodomontades réactionnaires. La nuit manque aux discours qui tombent. Il n'est pas certain que l'avenir appartienne aux candidats qui les tiennent. Sans doute, ils se lèvent trop tôt. Mais la nuit et l'avenir pourraient vite reprendre leurs droits. Si Nicolas Sarkozy l'emporte, que restera-t-il de la gauche et du Parti socialiste ? Si Ségolène Royal le bat, que se passera-t-il à droite ? Chaque victoire possible a un parfum de chaos évité. Les électeurs ont peut-être voté en masse par compensation, par angoisse. On les comprend. La nuit, beaucoup d'entre eux la connaissent ou l'ont connue. On leur dit que l'avenir est ailleurs.

Ils ont fini par y croire. La nuit est un destin. Elle est à l'individu solitaire et solidaire. Celui-là, qui en veut ?

Certains imaginent que la nuit porte son avenir au centre. François Bayrou s'est pris pour sa pochette-surprise. Il y croit toujours. La nuit a bien du cœur. Elle est sans ordre. Le centre en a-t-il ? L'écrivain japonais Sôseki reçoit un jour une jeune femme désemparée qui lui dit : *« Je n'arrive pas à mettre de l'ordre autour de moi. Que dois-je faire ? »* Ce qu'elle voudrait, en fait, c'est mettre *« de l'ordre dans sa tête »*. Elle précise : *« De l'extérieur tout entre dans ma tête, mais ça ne fait pas bon ménage avec le centre du cœur. »* Sôseki lui demande ce qu'est *« le centre du cœur »*. *« Eh bien,* dit-elle, *c'est une ligne droite. »* Que veut-elle dire par *« ligne droite »* ? *« Tandis que les formes ou les couleurs sont sans cesse variables, il y a une chose qui reste immuable. »*

Peu à peu, Sôseki comprend que, par le biais de ce concept fumeux, la jeune femme voudrait aller à l'ordre intérieur sans passer par l'étude, le conflit, l'expérience du désordre. *« Allez voir un bonze ! »*, lui dit-il. Elle s'étonne : *« Quand je vous ai vu, j'ai pensé que votre cœur était plus rangé que les autres* [...]. *Il est certain que même vos viscères sont bien en place. » « Si c'était le cas,* répond-il, *je ne tomberais pas si souvent malade ! »* Elle dit, se parlant à elle-même : *« Moi, je ne tombe jamais malade. »* Il conclut : *« Ça prouve que vous êtes plus digne de respect que moi. »* Élégante dureté de Sôseki. Il appartient à la nuit. La nuit n'est pas respectueuse. On y tombe malade. L'avenir est une maladie. Il appartient à ceux qui se couchent tard. Le passé aussi, d'ailleurs ; le passé surtout.

16 mai 2007

La reine et son double

Le 1er mai, la reine d'Angleterre a invité son double à déjeuner. Le double a refusé. C'est l'actrice Helen Mirren, qui interpréta Élisabeth II dans *The Queen*, de Stephen Frears. Elle tourne un film dans le Dakota du Sud et ne pouvait, semble-t-il, interrompre le tournage. Elle a fait savoir qu'elle le regrettait. Ombre de scandale à Buckingham Palace : des voix du palais, qu'on imagine soyeusement offusquées, ont rappelé que l'agenda de la reine était chargé ; qu'elle avait fait à l'actrice la grâce d'un trou ; qu'il n'était pas dans ses habitudes de se voir refuser ce qu'elle accordait. Mirren n'avait rien demandé.

Quand les êtres puissants ou institutionnels ont des trous et se manifestent, ceux qu'ils convoquent sont priés de faire comme s'ils n'espéraient rien d'autre. La politesse est un protocole antique et un exercice de soumission délicate. Hélas, les reines sont comme les autres : il suffit qu'elles montrent leur désir pour qu'elles en soient frustrées. C'est une règle, dans la vie : ce que vous demandez ne vous sera jamais librement accordé. Helen Mirren a rappelé à Élisabeth II ce que la perpétuité de la souveraine lui a sans doute appris : être une institution, c'est vivre dans la splendeur de ses regrets.

The Queen montrait l'ascèse de la fonction, le renoncement de la reine à tout ce en quoi elle avait cru : la distinction, le privilège, la hiérarchie des valeurs et des sentiments, la pudeur dressée contre le sentimentalisme ; une dignité pleine de rhumatismes. La mort de Diana, cette dinde rouée de la jet-set (comme elle se serait bien entendue avec Nicolas Sarkozy), lui fit peu à peu comprendre qu'elle devait mettre le drapeau en berne, feindre de partager la douleur télévisée du peuple afin de ne pas s'en couper : être une reine en démocratie de masse, afin que l'institution royale survive à cette démocratie de masse. La reine ne renonce pas à ses convictions ; elle renonce à les faire vivre. Ni cynisme, ni populisme en elle. Elle plie pour que la fonction ne rompe pas.

Le film de Frears est un éloge du compromis. Il est profondément démocratique. Il l'est politiquement, mais aussi esthétiquement : Helen Mirren n'est pas un vulgaire sosie de la reine. Elle lui ressemble sans la copier. Et c'est parce qu'elle n'est pas une copie qu'elle nous permet d'y croire entièrement, délicatement. Les formes aussi négocient avec le monde réel : pour raconter cette histoire de compromis, Frears a créé un personnage de compromis. Nous sommes dans le monde de la représentation (politique, artistique) : Helen Mirren est d'autant plus la reine qu'elle ne lui ressemble pas tout à fait, qu'elle la joue. Elle fait un pas vers son modèle, notre conscience d'Élisabeth II en fait un autre vers celle qui la joue. L'acteur qui interprète Tony Blair ne ressemble pas davantage au Premier ministre britannique. Il lui ressemble... un peu. À nous, spectateurs et citoyens, de négocier, de vivre avec ces images précises et troubles. Grand film simple, où la forme unit le fond.

En refusant le déjeuner, Helen Mirren a-t-elle manqué de délicatesse ? D'une part, elle avait passé tant de temps avec son personnage qu'elle n'avait peut-être pas envie de rencontrer son modèle. La vie est un rêve. Les acteurs font rêver. Ils n'ont pas besoin d'exister : de repasser la frontière de la représentation pour revenir vers ceux qu'ils interprètent. C'est faire le chemin à l'envers, sans doute en vain. Van Gogh était mort lorsque Kirk Douglas l'a incarné. L'aurait-il invité ? D'abord, le film aurait commencé par ne pas être tourné : Van Gogh, de son vivant, était méconnu. Ensuite, si la rencontre avait eu lieu, de quoi auraient-ils parlé ? Des tournesols qui noircissent ? De l'oreille coupée ? L'acteur, lui, n'a jamais cessé de jouer (et de dormir, peut-être) sur ses deux oreilles.

Michel Bouquet a interprété François Mitterrand après sa mort. Il est probable que, vivant, Mitterrand l'aurait invité, au moins par curiosité. Mais qui aurait-il invité ? Le comédien, l'homme, ou son propre double ? Les trois, sans doute. Mitterrand a dit, après d'autres, qu'on ne sortait de l'ambiguïté qu'à ses dépens. On ne sort qu'appauvri du paradoxe du comédien. Mieux vaut le laisser dans sa zone intermédiaire, flottante, là où il meurt pour renaître.

Le Dakota du Sud est une excellente zone intermédiaire. Cela existe, mais c'est si loin que ça pourrait tout aussi bien ne pas exister. Peut-être est-ce l'endroit où finissent les doubles, dans les plaines immobiles des vies qu'on n'a pas eues. Dans une voiture à l'horizon. Les États centraux et lointains font rêver, comme les acteurs, comme le triangle des Bermudes. On s'y perdrait si on y allait. On n'en reviendrait plus. C'est la prairie des âmes en peine.

Les mœurs anglaises permettent-elles au royaume d'affréter un jet privé (aller-retour) entre Pierre, capitale de cet État lointain, et Londres ? C'est improbable. Élisabeth II n'est pas Vincent Bolloré. Les frais de la famille sont surveillés. Un vrai symbole ne gaspille pas. L'argent qu'il dépense ne nourrit que son image dans le cœur des autres. Ce n'est pas la reine d'Angleterre qui passerait deux jours sur un yacht prêté par un homme d'affaires. Il n'est même pas certain qu'elle y penserait.

Mais elle a eu le désir de voir son double. C'est un désir inutile. On l'a vu avec Van Gogh, avec Mitterrand. C'est aussi un désir dangereux. Un double est le mort avec qui l'on dîne. Mais un mort vivant. Et il est possible qu'il finisse par vous emporter. Au Dakota du Sud, par exemple. Pour voyager trop loin, il y a mieux que les jets privés : il y a l'imagination en cavale. Que se passe-t-il quand le modèle rejoint la scène où se trouve son double – où, pour un instant, un déjeuner, il prétend se confronter à sa représentation ? Eh bien, s'il s'y confronte vraiment, ça le rend fou. Sans doute faut-il éviter d'être un peu trop conscient du personnage qu'on joue, même à travers d'autres : il finira par se venger. Dostoïevski a écrit un roman sur ce sujet, *Le Double*. En refusant le déjeuner de la reine pour une raison ou pour une autre, Helen Mirren a fait preuve d'une extrême délicatesse.

20 juin 2007

UN INSTANT DE PARANOÏA

– Tiens, tu ne vas pas courir aujourd'hui ?

Le ton était ironique, peut-être affectueux, mais il décida qu'il était amer. Après tout, celle qui parlait était sa femme.

La course à pied, pour elle, c'était l'ennemi. Il y en avait d'autres. Mais celui-ci était privilégié. D'abord, courir en refaisait un adolescent : à trente-cinq ans, lui et ses « copains »... Pourquoi fallait-il que les hommes finissent si tôt par où ils avaient commencé, en échangeant leurs muscles et leurs poils aux pattes ? Parce que leurs femmes aimaient ça ? Peut-être, au fond... mais ce n'était pas le pire. Le pire était le temps que lui prenaient ses joggings et la fatigue qu'ils provoquaient. Courir était une manière – une de plus – qu'il avait trouvée de ne pas s'occuper d'elle. Il y avait longtemps qu'elle n'en avait plus envie, mais elle voulait au moins pouvoir le lui reprocher. L'habitude avait été une tendresse. Elle devenait un pouvoir et un reproche. Il y avait un confort dans cette agressivité de routine. Elle se disait parfois : à quoi serviraient les hommes si on ne pouvait même plus détester leur égoïsme ? Les hommes, ce n'est pas grand-chose. Ils ne sont là que pour réussir ou pour échouer. Le sien avait plutôt réussi et voulait réussir davantage. Son avenir la rassurait.

Depuis quelques mois, ils vivaient dans un grand pavillon de banlieue. Il y avait des arbres fruitiers dans le jardin, une haie de troènes bordant la rue et vingt ans de dettes chez un banquier. Pourquoi hésiter ? Si la vie les séparait, les dettes se revendraient. Il l'avait voulu et vouloir était l'essentiel de ce qu'elle lui demandait.

Leurs deux enfants grandissaient. Le matin, il prenait son café en regardant LCI. Elle écoutait France Inter dans la salle de bains. Depuis que Nicolas Demorand se prenait pour ce qu'on disait de lui, la tranche matinale était devenue un spectacle : on voyait naître la marionnette. Il y avait un plaisir à penser que le rideau finirait par tomber.

Deux voisins les avaient invités à prendre l'apéritif. Elle trouvait qu'ils auraient pu être lepénistes, si Le Pen avait encore été un choix possible. Mais le Front national finissait dilué dans la fausse vertu des autres. La seule interdiction, c'est l'oubli.

– Ils sont un peu beaufs, non ? dit-elle en rentrant.

– La France leur ressemble. Elle se ressemble.

Il avait des phrases bizarres depuis quelque temps. Sous Sarkozy, il faiblissait. De sa famille ouvrière, il lui restait certains gestes, un vote réflexe et quelques répulsions archaïques : tout le poussait à voter Sarkozy, mais il n'y arrivait pas. Le cercle du bon sens se resserrait autour de lui. Il l'étranglait comme une peau de chagrin. Tant de sensiblerie agaçait sa femme.

– Tiens, tu ne vas pas courir aujourd'hui ?

Elle se sentait plus déstabilisée que joyeuse. Allait-il revenir au lit et la caresser, ou l'embrasser, ou, pire encore, lui sortir une de ses tirades bizarres ? Pourquoi n'allait-il pas courir ?

– Je suis fatigué.

Mais il n'y retourna pas non plus les jours suivants. Maintenant, il était là aux heures où elle n'avait plus l'habitude de le voir. Il perturbait l'espace, le temps et sa tranquillité armée. Un jour, ce fut plus fort qu'elle :

– Mais pourquoi tu ne vas pas courir ?

– J'ai une tendinite.

– Ne te fous pas de moi. Tu t'es brouillé avec tes « copains » ?

– J'ai une tendinite.

– Arrête avec ça. Dis-moi ce qui t'arrive.

Il soupira.

– Tu veux vraiment savoir ? Tu ne vas pas le croire…

Voilà, il allait recommencer : des phrases bizarres, pas sérieuses.

– Dis toujours.

– Avant, quand je courais, j'avais l'air d'un con. Maintenant, j'ai l'air d'un con au pouvoir : j'ai l'impression de faire campagne pour Sarkozy… non : *d'être* Sarkozy. C'est exagéré, tu ne trouves pas ?

– C'est pour ça que tu as changé de short ?

– Le short long, ce n'était plus possible. J'avais l'impression d'avoir un cul aussi gros que le sien. J'étais son cul.

– Ne sois pas vulgaire.

– Ce n'est pas moi. C'est la situation, c'est ce pays. Le jour où il a parlé de la France des propriétaires, je t'assure que j'ai eu envie de revendre la baraque.

– Si demain il dit que le mariage et la fidélité sont des valeurs, tu vas me quitter ?

– Ça, je n'aurais pas besoin de lui pour le faire.

– Qu'est-ce que tu veux dire ?

– C'est une blague. Ce que je veux dire, c'est que ce type est devenu un putain de logo, un truc cannibale. Tout ce qu'il fait devant les caméras, moi, je ne peux plus le faire. C'est comme s'il s'appropriait des gestes de ma vie. Il en fait sa marque, tu comprends ? Et cette marque, ensuite, c'est moi qui la porte. Ça me rappelle une tante qui laissait les étiquettes avec le prix sur tous les meubles qu'elle achetait pour qu'on les voie. Sarkozy laisse partout son étiquette. Le jour où on le verra faire ses courses dans une grande surface, j'irai faire les miennes dans une épicerie de luxe. Et s'il a une histoire avec toi, promis, je m'en vais.

– C'est une blague, ça aussi ?

– C'est la vie qui est une blague, tu ne crois pas ? Mais s'il a une tendinite qui le plombe, promis, je me remets à courir. Quand tout le monde aura oublié qu'il courait, évidemment. Heureusement, ça ira vite. Avec Sarkozy, ce n'est jamais le lendemain la veille ! Encore heureux qu'il ne boive pas : il me reste le bourgogne.

– Je préférais quand tu allais courir. Au moins, tu...

– Ah ! J'étais intelligent en ce temps-là. Mais depuis que Sarkozy l'est pour moi, ça aussi, l'envie m'en est passée.

– Tes copains, ils en disent quoi ?

– Ils ne savent rien. De toute façon, ils ont tous voté Sarkozy. Difficile de se prendre pour lui en courant avec eux : j'ai l'impression d'être avec mes gardes du corps. Il suffit qu'il pose son image sur quelque chose pour que cette image ne me parle plus que de lui. C'est fatigant. Tant qu'il n'entre pas dans mon sommeil… mais heureusement je ne rêve plus.

4 juillet 2007

UN LAC EN MOINS

Au Chili, un lac a disparu. En deux mois, dit-on – à peu près. On ne le sait pas exactement : nul n'était là quand il s'est vidé. Des employés forestiers ont découvert son absence le 27 mai. La cavité avait trente mètres de fond. Elle se trouve en Patagonie, dans une zone glaciaire, au bord d'un fjord, à deux mille kilomètres au sud de Santiago. Il faut naviguer quarante heures et marcher quatre heures pour l'approcher. Le lac appartenait au monde des belles choses qui n'existent pour personne.

Ce n'était pas un petit lac. Cette région en est couverte. Il arrive qu'ils s'en aillent, mais on ne s'en aperçoit pas : trop loin. Le parc national où il se trouvait s'appelle Bernardo O'Higgins. C'est le nom du père de l'indépendance chilienne, un militaire, le premier chef de l'État. Il y a beaucoup de statues, dans ces pays, beaucoup de célébrations pour trop de morts et d'espace. Au sud, les statues disparaissent. Restent les noms. Mais ce lac n'en avait pas.

La Terre de Feu est une terre d'eau, de mouvements, d'absence. Des activités sismiques, la pression de l'eau sur la glace, la bonde saute et voilà une fuite dans le lavabo. C'est comme dans l'île sondonésienne de *Vol 714 pour Sydney* : le lac volcanique est aspiré sous l'effet secondaire de l'éruption. Vous souvenez-vous ? Rastapopoulos, le milliardaire Lazlo Carreidas, les sparadraps, la chaleur… Tintin repêche par la queue le pauvre Milou, qui manque finir… Où ça, au fait ?

Je devrais le savoir : j'y suis allé. En Sondonésie, en Patagonie. En lectures et en rêves, en tout cas. Et en voyage ? Cela ne regarde personne, pas même moi. Tandis que les rêves, il faut les dire. Si on s'en souvient. Il paraît que certains finissent là-bas, en Patagonie : dans des lacs qui eux-mêmes finissent, un jour, sans qu'on le sache. Ensuite, où vont-ils ? Comme pour Milou, on n'en sait rien. Tant mieux. Celui qui les suit finirait trop loin. Certains y vont quand même. On retrouve sur le fond pierreux du lac une sacoche vide, un livre gonflé par l'humidité, une photo délavée, une dent, presque un adieu. Tout a été pleuré, vécu, séché. Mais qui a disparu ? On n'en sait rien.

La disparition du lac ne semble pas due à des glaces fondues par l'effet du réchauffement climatique : elle échappe encore à la morale humaine. Une hypothèse a été émise par des amateurs d'OVNI : des extraterrestres auraient tout pompé. Les extraterrestres seraient donc des hommes comme les autres : ils manquent d'eau sur leurs planètes. Mieux équipés, ils vont en chercher ailleurs – ici. Que fait David Vincent ? Savent-ils au moins la répartir et l'économiser, cette eau : les extraterrestres sont-ils plus attentifs et moins avides que les autres ? Font-ils de bons écologistes ?

Hergé semblait le penser. *Dans Vol 714 pour Sydney*, leur émissaire a une pitié sévère pour le genre humain. On le comprend. Le lac disparu ressemble peut-être à la boîte de Pandore : tout a fui, sauf l'espérance. Qui gît au fond, avec la sacoche du rêveur et le reste, à sec, là où ça ne bouge plus. Ici, mieux vaut croire Nathaniel Hawthorne : *« L'histoire de la boîte de Pandore : un conte pour enfants. »* L'auteur de *La Lettre écarlate* connaissait les enfants. Il écoutait les siens, notait ce qu'ils disaient. D'une certaine façon, il écrivait pour eux. Il croyait assez peu au mirage de l'espérance retenue.

Comment espérer sans nommer ? Pour les hommes, pour les scientifiques en tout cas, ce lac n'avait pas de nom : un lac d'avant Dieu et d'avant les livres. C'est rassurant : on oublie mieux ce qui ne fut jamais nommé. Mais c'est inquiétant : on le perd sans le savoir et sans le dire. La mémoire semble aphone, soudain. Tout se perd, tout s'éteint. Nous l'appellerons donc, simplement : le Lac de l'oubli. Lago del Olvido. Son nom est son destin. Baptiser une chose au moment où elle disparaît est toujours un acte émouvant. On se dit qu'elle reviendra, qu'elle renaîtra peut-être. C'est un acte d'enfant, d'amoureux, d'écrivain. Il est souvent manqué.

Avez-vous déjà vu un lac vide ? Même quand c'était prévu, c'est un choc. L'eau se retire sur un paysage mort, ou vivant d'une autre vie, habituée à n'être pas vue. Un lac sans eau est un désert surpris. En France, on y trouve parfois les traces d'un village ou d'un paysage. J'ai marché deux fois, à l'aube et dans la nuit, dans ces berceaux vidés – des retenues dont on réparait les barrages. Il y avait sur la vase séchée quelques arbres morts, des maisons abandonnées, un lit de rivière soudain reconstitué au milieu d'une campagne à bergers et bergères qui n'existait plus. C'était étrange, décalé. On finissait par chercher les chouettes, les revenants, les pendus.

Au Chili, on a trouvé des blocs de glace dans l'anfractuosité mise à nu : la glace qui reste est un phénomène commun quand quelque chose de la vie se retire. L'eau nous soutient, nous maintient, nous égalise. C'est son absence qui nous noie. Le jour où tous les lacs auront disparu, nous serons vraiment seuls et glacés sur la Terre. Il pleuvra du sec. Les anciennes rives seront pleines de rêves oubliés et d'agitations secondaires. Les oiseaux auront filé, l'intranquillité volera bas. Ce ne sera plus celle du Chilien Neruda, cette *« victoire/de la lumière intranquille/qui lève les lèvres de la terre »*. Les lèvres se fermeront sous le poids des discours perpétuels, affirmatifs, trop bien appris. La fin des lacs ouvrira enfin le règne des cons. Sans lac, plus de silence, plus de contemplation, plus de temps.

Souvenez-vous de celui de Lamartine : *« Éternité, néant, passé, sombres abîmes,/Que faites-vous des jours que vous engloutissez ? Parlez : nous rendrez-vous ces extases sublimes/Que vous nous ravissez ? »* Eh bien, non. Un lac vide, ça ne parle pas. Peut-on quand même se noyer dedans ? Bien sûr. Il suffit de l'avoir connu du temps qu'il était plein ; d'avoir marché autour et ramé dessus avec quelqu'un d'autre, un souvenir, comme dit Lamartine. Il suffit d'avoir aimé pour comprendre que les yeux des autres aussi finissent par se vider.

1er août 2007

L'HOMME À L'ACACIA

La terrasse est presque déserte, comme la ville, certains cœurs, les bancs de l'Assemblée, les appartements d'août et de millionnaires, et comme quelques journaux en été, quand l'actualité paraît se dissoudre dans le mouvement de sa propre inertie. Le désert citadin est un plaisir lent. Il porte un soulagement intime : ceux qui demeurent sont enfin des survivants, mais d'une espèce particulière. Clandestins en leur propre territoire, isolés dans un décor coutumier devenu espace tiède, ils survivent aux rôles qu'ils jouent le reste du temps, à leurs activités ordinaires, à la frénésie plus ou moins justifiée d'une vie professionnelle et sociale : rendus à eux-mêmes et à leur vérité adolescente. La ville est la descente de lit où leurs corps s'épanouissent dans les plis d'un ennui assumé, amoureux, pleinement vécu. Et dans le beurre de cette solitude enchantée, parfois, les autres pénètrent.

Le client vient de s'asseoir sous un acacia en fleur. C'est un homme musclé, râblé, large d'épaules et d'avant-bras, une silhouette furieuse et populaire jaillissant du corral. Sa tension se répand immédiatement, imperceptiblement, comme un gaz, entre les tables vides. De grands cernes rétrécissent ses yeux fiévreux. Il est bouffi par la fébrilité et par une colère inquiète dont il ne sait quoi faire. Tout son corps chasse les ombres, retenant larmes, soupirs et coups.

C'est l'heure de l'apéritif. Les serveurs n'apparaissent en terrasse que rarement. Quand l'un d'eux vient, l'homme s'impatiente :

– S'il vous plaît, j'ai demandé un café, s'il vous plaît, vous êtes en train de le moudre ou quoi ? (Il fait le geste de moudre.) Et un verre d'eau avec, s'il vous plaît !

« S'il vous plaît » atténue la menace que porte sa voix et retient les gnons qu'il voudrait donner : c'est la politesse réflexe qu'il a trouvée pour ne pas exploser. Le serveur sourit et recule, balayé par l'énergie de l'homme écorché. Il finit par prendre son portable et compose un numéro. C'est sa femme qu'il appelle. Assez vite, il met le haut-parleur – comme si quelque chose en lui voulait que la ville entière, ou le ciel, ou l'acacia, soit témoin de ce qu'elle lui dit : comme si tout cela, pour exister, devait tout envahir. Ou simplement parce qu'il entend mieux ainsi. Mais il le fait avec nervosité et sans y penser : absent aux clients, aux passants, il parle fort et se sent seul – isolé dans sa détresse et sa volonté panique d'être compris. Sa puissance se retourne en enfance sous l'effet d'une sensibilité inconsciente d'elle-même.

Il n'a pas vu la femme depuis quelque temps. Elle dit d'abord qu'elle ne veut plus le voir, qu'elle ne lui fait plus crédit de rien. Il a fait quelque chose, une dernière chose, qu'il n'aurait pas dû faire. Cette chose est implicite, tellement là qu'il est difficile de la dire. Mais il veut s'expliquer, essayer de comprendre. Il se bat contre lui-même pour entendre les raisons de celle qu'il aime. Sa voix hésite sans cesse entre révolte et justification.

Celle de la femme n'hésite pas : on n'entend pas ses mots, mais le ton acrimonieux, sans rupture, signifie qu'elle a raison. Elle lui reproche d'abord d'être capricieux. « Mais je suis pas capricieux, répond-il. Comment veux-tu… Je suis fils de magasinier… J'ai connu la pauvreté… Comment veux-tu que je fasse des caprices… Je suis pas un enfant gâté… » À l'instant où il dit ces mots, « enfant gâté », le serveur dépose le café devant lui et il trempe dedans un gros index, machinalement, puis le porte à la bouche pour tester la température et le goût. La femme récrimine toujours.

À certains moments, il explose, l'insulte presque, puis se contient, revient sur ses mots, balaie sa colère et la met sous le tapis, s'efforçant d'entrer dans le point de vue adverse. « On n'est pas sur la même longueur d'onde. Tu comprends, ma puce… Tu me considères comme ta chose… Une chose, c'est quoi ? C'est un objet. Un objet, c'est quoi ? C'est de la matière. Toi, t'es une personne humaine. T'es une femme… Quoi ? Non, t'es pas un objet, ma puce. Arrête ! Tu frises le ridicule toute seule… » Elle lui reproche d'avoir « fait le paon », de s'être flatté sans raison. Il répond : « Non, j'ai pas fait le paon tout à l'heure, pour faire le paon, faut avoir des plumes, et j'ai pas de plumes. » Sa conversation de brute est ainsi traversée, dans ses mots et leur logique, par la plus grande délicatesse. La résistance qu'on lui oppose l'oblige à battre ses arguments, mais son naturel tient le marteau : le langage qu'il emploie révèle une finesse qu'il ignore, et qui, sous l'effet d'une douleur et d'une angoisse extrêmes, vit en lui et malgré lui.

Il veut maintenant parler à quelqu'un d'autre, un homme ou un enfant, on ne sait pas. « Passe-le-moi ! dit-il. Je sais qu'il est là. J'ai essayé de l'appeler, ça ne répond pas. » On croit d'abord que c'est l'amant de la femme, mais il s'agit d'autre chose, quelque chose de plus inavouable et qu'il va pourtant dire, ici, à distance, au milieu d'une terrasse déserte et sous les fleurs de l'acacia dont l'une, bientôt, finira dans son café. « Oui, dit-il, j'ai eu cette expérience sexuelle. Oui ! Je le reconnais... Ma sexualité... J'aurai vécu ça avant de mourir. » L'expérience a eu lieu avec l'homme – ou avec l'adolescent, ou avec l'enfant – sans qu'on puisse le déterminer, mais en devinant qu'elle fut sauvage et effectuée dans l'interdit. Celui dont il s'agit est peut-être le fils ou un parent de la femme. Soudain, il s'énerve de nouveau : « Tu veux que je vienne le voir, vous voir ? Mais ça va pas ? Tu veux qu'ils me mettent en taule ? C'est ça que tu veux ? La vie m'a pas fait assez de cadeaux comme ça ? » Il est interdit de territoire, là où elle vit. Il revient sur l'acte sexuel, tourne autour, n'essaie pas vraiment de s'excuser : ce serait inapproprié, presque minable. La culpabilité qu'il éprouve ne peut être aussi facilement soulagée. Il tente plutôt d'expliquer et d'assumer son acte, de le comprendre en le disant, un acte obscur et transgressif, un moment dont la violence presque magique l'a déstabilisé, le poussant au-delà de ce qu'il aurait cru possible, dans des cordes à sauter dans le vide, sonné et répétant, encore et encore : « Ma sexualité… J'aurai vécu ça avant de mourir. »

28 novembre 2007

LA VIE DES CINTRES

Être pauvre est un état, une norme statistique établie par rapport à une moyenne selon l'INSEE, mais aussi une condition : c'est quand la vie résiste – et d'abord par le détail. Les pauvres vivent comme des doigts gourds dans un troupeau de cintres. Quiconque a essayé de séparer des cintres enchevêtrés comprendra de quoi il s'agit. Quand vous croyez en avoir décroché un, l'autre le rattrape comme Achille par le talon. C'est pire s'ils sont vieux, tordus, en fer souple, entassés depuis des semaines ou des mois, squelettes d'élégants. Alors, ils dévoilent toute leur méchanceté. On dirait qu'ils se vengent. Ils ne veulent plus porter aucune des panoplies qui feront de vous un homme. S'ils parviennent à s'unir, s'ils sont assez nombreux, et vous, plutôt fatigué, vous êtes cuit. Être pauvre, c'est vivre parmi les cintres.

Cette condition se complique dans une société dont l'idéal exclusif est que rien ne doit résister – comme de nager dans une eau sans eau. Dans le grand bain, tout le monde ne peut pourtant être poisson. Tout le monde ne peut avoir chez soi des cintres en ordre, une penderie sans cadavre et sans échec dans laquelle, comme si tout allait bien, une garde-robe repassée et rangée attend à toute heure le bon plaisir du maître. Tout le monde ne peut à la fois regarder et acheter cette montre Chanel, dite « chocolat », à 3 400 euros, qui luit ces temps-ci, comme une tablette à croquer, dans les suppléments cadeaux des Galeries Lafayette, adjoints à quelque hebdomadaire prêche-rigueur pour cadre survivant à fort pouvoir d'achat. Ce n'est pas nouveau, mais ça ne fait plus rêver ni sourire personne, même par frivolité : l'habit ne fait plus assez le riche qu'on n'est pas. Les pauvres d'ici sont peut-être moins pauvres qu'ailleurs, même s'ils le sont de nouveau davantage, mais leur condition est assez douloureuse : la vie et le temps sont leurs ennemis perpétuels et, de crochet de cintre en crochet de cintre, ils écorchent leur image, la font saigner, puis la détruisent.

La queue à la poste est un bon observatoire des cintres. Les pauvres y sont en général étrangers, livrés à eux-mêmes dans la surdité de la langue. Ils viennent ici chercher de l'argent sur un compte ou par mandat. Pas de grosses sommes : de quoi tenir la semaine, le mois, avec très peu. Il y a des Arabes, des Noirs, des Asiatiques, beaucoup de vieux, quelques jeunes. Les jeunes sont parfois en colère, ils ont de l'énergie. Les vieux ont souvent des pantalons qui finissent en accordéon sur de vieilles chaussures. J'ai une tendresse pour ces accordéons silencieux. Les plis parfaits m'inquiètent, comme les hommes trop bien coiffés. Ils ont tellement échappé à la rage des cintres, le vent qui les porte a si bien éliminé ceux de travers ou de face, qu'ils finissent par avoir l'air faux. On les observe, entre autres, sur les plateaux télé, où ils font du charme en feignant d'avoir des idées. L'important est d'échapper aux cintres.

L'autre jour, en fin de matinée, un vieux Chinois maigre réclame de l'argent dans un bureau de poste du centre de Paris. Réclamer est le mot : il est d'instinct dans une position d'enfance. Il dépensera peut-être. En attendant, il dépend. Ses cheveux sont blancs, raides et soignés. Non taillés, ses sourcils font épines de leurs poils. On dirait un faune incertain. Il a étalé d'une main tremblante et mécanique, devant le guichet, un nombre extravagant de papiers administratifs, tout vieux et froissés. Il les déplie un par un, les étale, les caresse, les observe, les contemple, comme un enfant repassant avec ses doigts les emballages des cadeaux qu'il vient de défaire. Déployés, en fleurs, papier crépon, ils semblent là pour lui révéler une vérité qui lui manque, pour la traduire peut-être. Mais ils ne traduisent, ne révèlent rien : ils épaississent le mystère. Il est venu chercher cent trente euros. C'est ce qu'il répète sans cesse au guichetier : « Cent trente euros ! Cent trente euros ! » L'un des papiers dit qu'il n'y a pas droit.

Avec une lenteur naturelle, une lenteur qui reflète celle de l'usager, le guichetier a vérifié : « Sur votre compte, il n'y a qu'un euro. Revenez dans une semaine, peut-être ! » Peut-être, ici, est une délicatesse de diplomate. Peut-être veut dire non. Le vieux Chinois se balance d'un pied sur l'autre, pivote un peu, comme si la nouvelle devait le faire léviter. Il fixe ses feuilles mortes et répète : « Cent trente euros ! Cent trente euros ! » « Non ! Non ! dit le guichetier un peu plus fort. Un euro ! Un euro ! Seulement un euro ! » « Oooooh, gémit le vieux Chinois. Pas euro ? ! Pas euro ? ! » Dans le constat, il y a une question : pourquoi pas euro ? Et il repasse de nouveau les feuilles, allant d'un parchemin l'autre, se déplaçant à petits pas de gauche à droite et de droite à gauche, comme un organiste glissant face au clavier sur un banc plein d'échardes – comme si ces feuilles, dont la plupart n'ont aucun rapport avec sa demande, pouvaient enfin servir à quelque chose, faire jaillir du hiéroglyphe l'explication et l'argent.

Mais non : Champollion est mort et ils sont là, avec le guichetier devant, avec la queue derrière, précisément là, comme des cintres coupants, tordus et vides. « Pas euro ! Pas euro ! », répète-t-il. La nouvelle est assimilée. Maintenant, il replie ses papiers, mais ils résistent. Il se trompe de pli, les froisse davantage, en fait tomber certains, rate son classement et parfois ses poches. Il lui faut du temps pour les ramasser – quand il les voit. « Oh ! Tu bouges ! », crie une voix dans la queue. « Ooooo ! dit le vieux Chinois. Pas euro ! Pas euro ! » Et il se déplace un peu, vers la gauche, absent à lui-même et aux autres, attendant au cœur de l'attente, tandis que le suivant, un Africain, passe sous le Plexiglas son portable à options multiples au guichetier afin qu'il y lise son nom. Le guichetier n'y comprend rien et fait une fausse manœuvre – à chacun ses cintres. « Il est moderne, votre engin, dit-il à l'Africain. Je ne sais pas m'en servir. » Il le repasse sous le Plexiglas. L'Africain, en riant, rebricole son clavier et s'exclame : « Ah ! là ! là ! Tu ne sais pas… Tu ne sais pas… Tu es de l'ancien temps, toi ! » Et tout le monde rit tandis que le vieux Chinois, se dirigeant vers la sortie, continue de murmurer : « Pas euro… Pas euro… »

19 mars 2008

Devant la porte

– Bonjour.

– 'soir.

Il se trompait tout le temps d'heure, ou alors c'était moi. Je le croisais chaque matin depuis des mois dans le vieil immeuble et je sentais, à la manière dont il me répondait en se tournant légèrement face au mur pour murmurer la syllabe, qu'il ne parlait pas français. Mais ça ne me gênait pas. Ses vêtements sentaient la cigarette et la sueur. Il avait de grosses épaules, les cheveux raides, des yeux terriblement clairs, un visage et un cou très larges, prêts à exploser sous une pression violente et indéterminée, enfin cette position légèrement tendue et courbée, comme quand on tire une charrette aux essieux rouillés.

Il devait venir de là-bas, de l'Est. Le nom sur la boîte aux lettres me l'a confirmé. Qui l'a baptisé le Serbe, je ne sais pas, mais tout le monde dans l'immeuble a suivi. Serbe lui allait bien : il semblait à la limite, pas à sa place, silencieux et infréquentable, entre steppe et vallon. Il avait même quelque chose de Russe : un première ligne en fin de carrière qui accepte brutalement la charge de cette mêlée bizarre qu'on appelle le Destin. On sentait d'autant mieux sa puissance qu'elle avait un parfum de solitude. Observé sous un certain angle, le mélange dégageait une délicatesse aveugle et profonde. Il aurait fait un excellent assassin.

Personne ne savait comment le Serbe avait atterri dans l'appartement du troisième. Mais on s'en doutait : cet appartement était un fonds de commerce que des fabricants de fringues sous-louaient, de temps à autre, pour des raisons mystérieuses, à des célibataires étrangers, des ouvriers. Le Serbe était peut-être cousin ou parent par alliance du propriétaire. Il mettait un temps fou à ouvrir la porte, comme si la serrure aussi avait parlé une langue qu'il ne comprenait pas. J'avais l'impression qu'il allait tourner le dos à la porte pour l'ouvrir. Il était très muet, très lent. Nous nous sommes habitués à sa présence sourde. Il y a des antihéros. C'était notre antimascotte. Un esprit ménager d'absence et d'inquiétude et, à sa façon, d'escalier.

Un soir, je l'ai croisé devant sa porte ouverte. Un chariot à provisions rouge était sur le palier. Il le bourrait de vêtements et de je ne sais quoi.

– Bonsoir.

– 'jour.

Je me suis demandé s'il n'était pas saoul, et même abruti par l'alcool : il se déplaçait dans un ralenti vraiment extraordinaire. Je suis passé presque à reculons, embaumé par sa présence, contaminé par son ralenti. On aurait dit que le silence s'était fait gestes.

Quelques nuits plus tard, en rentrant d'un dîner, je l'ai trouvé sur le palier, devant la porte, avec le chariot rouge. Il dépliait un matelas mousse, un sac de couchage et, toujours avec cette lenteur, s'aménageait un lit.

– Bonne nuit.

– 'nuit.

Il m'a répondu sans me regarder. J'avais le sentiment déplaisant d'avoir traversé son appartement sans y avoir été invité. Mais, pour une fois, nous étions synchrones.

La routine s'est installée. Dans la journée, il disparaissait. Un voisin l'avait vu décharger des vêtements dans un magasin du quartier. Il revenait s'installer tard sur le palier, jamais avant minuit, sans doute pour ne pas gêner les autres, plutôt pour ne pas être dérangé par eux. Il montait sa nuit devant la porte comme s'il avait été de l'autre côté. Ses épaules faisaient barrage aux regards qui passaient.

Nous avons naturellement commencé à nous demander : que faire ? Lénine n'était plus là pour donner la réponse. Qui avait repris les clés au Serbe ? Pourquoi ? Quelle était exactement sa situation ? On se téléphonait, on frappait les uns chez les autres. On commentait, imaginait, appréhendait. On parlait trop parce qu'on ne savait rien, parce qu'on en savait trop. On savait l'essentiel : le Serbe était dans le sas, catégorie « travailleur pauvre ». Il était encore propre et la rue l'attendait.

Que faire ? Alerter la mairie, c'était peut-être le dénoncer aux flics. On ignorait son état administratif, on ne pouvait ni ne voulait décider à sa place. L'époque où la peur pouvait manquer d'imagination était passée : la place du Serbe, on pouvait sans trop d'effort en faire la sienne. En le regardant dormir ou pas, entièrement recouvert par le contenu de son chariot, d'une immobilité de cadavre, se dérobant à notre indiscrétion comme une momie dans ses bandelettes, on devinait un pas de côté, une vie possible. Près de sa tête, il y avait un livre. Une nuit, je me suis penché pour regarder. C'était *Madame Bovary*, de Flaubert, dans une vieille édition de poche froissée, qui avait gonflé après avoir pris l'eau. Il comprenait donc le français. Ou il l'apprenait. Ou alors ce livre lui servait de talisman. Le matin, il disparaissait très tôt. Nous n'avons rien fait, rien dit.

Un jour, alors qu'il faisait froid, je l'ai trouvé allongé en fin d'après-midi, dans une position inhabituelle. Il était enroulé dans une couverture, contre l'escalier, la tête sur une marche. Il n'avait ni chariot, ni matelas. Son visage était découvert et il semblait épuisé. Il a fallu l'enjamber. J'ai monté dix marches, puis je suis redescendu. Pour la première fois, il m'a regardé pour me dire une phrase entière :

– Je me repose un peu et je m'en vais.

– Vous voulez un thé ?

– Oui.

J'ai préparé un bol de thé vert que je lui ai descendu. Il ne bougeait plus. Il avait de nouveau les yeux fermés. J'ai déposé le bol près de son visage et, au moment où j'allais lui parler, je me suis aperçu que j'avais oublié quelque chose.

– Vous voulez un sucre ?

– Quatre.

J'ai rapporté quatre sucres, une cuillère. Fallait-il les mettre directement dans le bol ou à côté, sur les marches ? J'ai choisi le bol et mis la cuillère dedans, il mélangerait lui-même. Je me suis senti obligé de préciser – comme si j'avais eu peur qu'il frappe chez moi, tout en voulant lui signaler ma confiance.

– Quand vous aurez fini, laissez tout sur la marche.

Je suis redescendu une heure plus tard. Il avait disparu. Sur la marche, le bol était encore plein et la cuillère dedans. Sucrer du thé vert est une bonne manière d'éloigner les autres, même quand ils ne savent plus où aller. Jamais on n'a revu le Serbe.

2 avril 2008

LES CHIFFRES ET LES MORTS

– Je ne suis pas une statistique, je suis un homme libre. Enfin…

– Pour qui tu te prends ?

Il y avait pourtant une question, presque une plainte dans ma voix. Je n'ai pas su quoi répondre : c'était le week-end, j'avais allumé LCI, les chiffres me regardaient. Ils ont des regards de lézards, froids et dorés. Ils tirent la langue pour attraper les faits, les sensations, le spectacle, puis ils digèrent. Sans bouger.

Sur LCI, on parlait d'Irak et de nageoires. Quel rapport entre les épaules d'un amphibie herculéen surgi du néant et celles d'une armée d'occupation y marinant ? Entre Alain Bernard, gentil plésiosaure des bassins, et tant de soldats disparus ? Une fois lancée, on n'arrête pas si facilement la machine à associer. La même question est revenue sous d'autres histoires, d'autres formes. Quel rapport entre le succès moutonnier d'une petite comédie nordiste et la dépression moutonnière du système financier international ? Avant et après tout : des chiffres. De gros chiffres – records, morts, dettes, entrées en salles – résumant et fermant les discours, critiques, tout vagabondage de la sensibilité. Mornes lézards statistiques : mesure muette de l'appétit ne révélant rien d'autre que son propre caillou. Performance par principe, par nécessité. État final et glouton de la vacuité. Records du monde, morts en Irak, coups de masse sur la boule en Foire du Trône : quel client décrochera le gros lot ?

Ce qu'on mange ne paraît plus avoir de sens – ou de saveur, ou de qualité, ou de vérité – qu'après mesure du tour de panse. L'essentiel est de manger, de mourir peut-être, mais résumé par un chiffre. *« Il faut vivre pour manger et non pas manger pour vivre »*, récitait de travers le pauvre Harpagon. Il faut écouter les lapsus des avares : ce sont des affamés, des insatiables, eux aussi. Ils dévorent par rétention, mais ils dévorent. Nous voici dans un monde d'harpagons renversés : la possession par l'explosion. Plus c'est gros, plus c'est vrai – ou signifiant. On se tient face à l'actualité chiffrée comme devant ces miroirs déformants du jardin d'Acclimatation. Les enfants aiment s'y faire peur en se voyant trop longs, trop larges, corps entier à l'état de grimace. Il y en a qui rient, il y en a qui pleurent : et s'ils ressemblaient vraiment à ça ? On ressemble vraiment à ça. La déformation par les chiffres nous angoisse, nous rassure. Elle nous tient. Jacob grimpait l'échelle dans son rêve, et vers lui. On grimpe vers les numéros. On se promène dans leurs abstractions, leurs classements. Ils font le vide, chassent le monde, deviennent presque concrets à force d'être rabâchés. Tout est si absurde aux yeux mêmes des ogres produisant l'événement qu'ils ne peuvent plus en faire légende – blanche, grise ou noire – que sous forme d'exploits calculés. L'actualité ? Du présent chiffré. Le chiffre est le prix et l'avenir de l'homme.

Alain Bernard démonte les records du monde sur 100 mètres et 50 mètres nage libre au moment même où, en Irak, entend-on partout, *« les quatre mille morts américains sont atteints »*. Depuis quelques jours, le chiffre rôdait. D'imperceptibles et souriants hommes-troncs l'annonçaient dans les journaux télévisés. Ils préparaient le terrain. Les quatre mille approchent, bientôt nous y serons, nous y voilà, nous y sommes, voilà, bingo, ça y est. En quoi ce nombre est-il « fatidique », « symbolique » ? Pourquoi pas 3 897 ou 4 032 ? Quelle est cette funeste passion décimale ? Celle du record comme repère et de l'assouvissement. Quatre mille ressemble au dernier orgasme de Rocco Siffredi, au dernier tour de piste d'un champion. Une autre bandaison, une autre compétition suivra : les cinq mille, les six mille – et plus tard l'Himalaya.

En seconde division, l'autre championnat demeure plus obscur : nul ne sait par cœur le nombre des morts irakiens, nul ne connaît leur distance à courir, creuser, nager – l'échéance comptable du cimetière et du moment. C'est qu'on l'ignore sans doute, ou que ces athlètes-là ne font ni rêver, ni pitié. D'ailleurs, de qui parle-t-on ? Chiites ? Sunnites ? Cette milice, cette autre ? Les chiffres aussi ont leurs nobles, leurs roturiers, et ils les font avancer.

Dans *Lucky Luke* contre Jesse James, un chariot est bloqué au gué d'une rivière. Une femme de la tribu a fait un gâteau particulièrement indigeste. Cole Younger le défait en morceaux qu'il jette violemment sur les mules. Et elles repartent. Records, déficits, dettes, morts, bénéfices, succès, les chiffres qu'on nous lance nuit après jour nous stimulent et nous font repartir, jour après nuit, comme les mules de Cole Younger. Ils fixent un ordre et alimentent un marché : leur vérité s'arrête là.

Ernst Jünger en a fixé la limite. Le 9 mars 1945, dans l'Allemagne en déroute, il écrit : « *Style. Ma répugnance envers tout chiffre dans le texte – exception faite des indications de dates, ou de pages d'un texte. Elle vient, en principe, de ce que tout concept préformé et détaché de l'intuition m'est en horreur, et que le chiffre en est un, sauf justement, le millésime, où le chiffre prend corps. 1757, 1911, 1914 sont des grandeurs sensibles ; au contraire, il faudrait me forcer pour écrire 300 chevaux, 256 morts, 100 arbres de Noël. Il ne faut jamais voir les choses avec le regard de la statistique. D'où mon horreur du système décimal, pour tout travail non profane. Des mots comme centimètre, kilogramme sont à la prose ce que le bruit du fer pendant la construction du temple est au lévite.* » Jünger ajoute que ce vocabulaire du chiffre, comme les « *concepts à la mode* », est enrichi surtout par « *la politique, la technique et les relations sociales. Ce sont là des combinaisons instables du langage, et un esprit se classe à proportion qu'il y succombe.* »

En succombant au langage des chiffres, nous nous déclassons peu à peu. Peut-être sont-ils le prix à payer pour supporter la connaissance la plus misérable du monde. Leur abstraction et leur idiotie nous épargnent, comme l'écrit Jünger, l'intuition, cet accès direct et sensible à la réalité, à son évidence, à sa profondeur, et à tout ce qui nous rendrait tant d'informations soit inutiles, soit invivables.

14 mai 2008

Crâne pas, t'es mort

Le crâne de Schiller n'est pas le crâne de Schiller. Des scientifiques ont comparé l'ADN de la relique à celui qu'ils avaient prélevé sur les os appartenant à plusieurs descendants de l'écrivain allemand. Le 5 mai, ils ont annoncé que rien ne correspondait. À qui appartient donc le crâne qui n'est pas celui de Schiller ? Où est l'autre, le vrai ? Les scientifiques n'en ont aucune idée et ne cherchent pas à le savoir. Nous pouvons simplement affirmer que ceci n'est pas le crâne de Schiller, ont-ils dit, et notre boulot s'arrête là. Les scientifiques ont la sobriété qui nous manque : leurs rêves exigent des preuves, et s'y tiennent. Pour le reste, ils confirment la remarque de l'Ecclésiaste : vanité, tout est vanité.

Pourquoi a-t-on analysé en 2008 ce crâne exhumé en 1826 ? Que représentait-il ? C'est une vieille histoire allemande, très rabâchée. Par temps de désastre en Birmanie ou de guerre en Irak, elle semblera secondaire aux esprits infusant la destinée du monde – elle n'a d'ailleurs fait aucun bruit. Mais le crâne de Schiller est, dans l'aventure humaine, un double symbole qu'ils ne devraient pas négliger : celui de la poésie et de l'amitié. Friedrich von Schiller, un homme de santé fragile, meurt en 1805. Il a quarante-cinq ans. Pendant un certain temps, Goethe ne parvient plus à écrire. Il voudrait finir une pièce inachevée de son ami, *Demetrius*. Il ne peut pas. « *Mes journaux ne disent rien de ce temps,* écrit-il plus tard. *Les pages blanches indiquent l'état de vide.* » C'est quoi, un ami ? Celui qui vous aide à penser, et, mieux encore, à rêver le monde. Le cœur est un livre que la solitude blanchit.

Comme Montaigne et La Boétie, les deux grands écrivains allemands de leur temps ont été des vases communicants. Si chacun est devenu l'auteur qu'il est, il le doit en partie à l'autre. Ils se rencontrent en 1794. Ils ne se quitteront plus. S'entretenant sans cesse, se relisant, se corrigeant, se critiquant, ils s'améliorent. Seules les maladies et les déplacements les séparent. Et il y a leur correspondance (publiée en deux tomes chez Gallimard, dans la traduction de Lucien Herr) : il ne devrait pas être conseillé de séjourner sur terre sans l'avoir lue. On y voit comment, dans l'amitié absolue (et naturellement nourrie par une série de conflits), deux génies peuvent s'élever mutuellement. Chacun respire sur les hauteurs de l'autre. Les qualités s'augmentent et se contaminent, obligeant à la plus sévère modestie. Le mérite est le naturel même de la relation. Trouver par l'autre le meilleur de soi-même, et le lui rendre : tout homme devrait avoir la chance – et le courage – de vivre ce phénomène.

Gilles Jallet, auteur du *Crâne de Schiller* (éditions Hermann), résume ce qu'ils se donnèrent intellectuellement : « *Schiller a fait de Goethe le philosophe qu'il n'est pas. Goethe a donné à Schiller son expérience des voyages, sa sensibilité d'artiste, sa vision poétique du monde.* » L'esprit, ici, est plus que l'esprit : c'est la vie même. La correspondance entre les deux hommes est la feuille de route de ce développement commun. Goethe est l'aîné de dix ans. Dès le début, il a écrit à son nouvel ami : « *Plus je sens vivement que mes ambitions passent la mesure des forces d'un homme et de la durée normale de son existence terrestre, plus j'aurais à cœur de déposer entre vos mains nombre de projets, non seulement pour en assurer la conservation, mais encore pour que, grâce à vous, ils prennent vie.* »

Mais Schiller meurt le premier. Comme il n'a pas de caveau de famille, il est enterré dans une tombe commune, réservée aux notabilités. Vingt et un ans plus tard, Goethe fait exhumer les ossements. On trie. Il remarque un crâne, le désigne et dit : c'est celui-ci. Déjà, en Italie, il méditait en 1788 sur le crâne de Raphaël, « *une boîte crânienne aussi bien proportionnée et aussi bien joliment arrondie qu'on peut le penser* ». Il s'en fit faire un moulage dont la vue, écrit-il dans le *Voyage en Italie*, « [l']*incite aux réflexions les plus diverses* ». Le crâne de Raphaël était en réalité celui d'un moine. La carrière du faux crâne de Schiller débute en 1826. On la doit à son meilleur ami.

Si Goethe aime tant crâner, c'est parce que le crâne est une idée. Mais Goethe n'est pas Hamlet. Il ne désespère pas. Le crâne de Schiller n'est pas pour lui celui du bouffon Yorick. Il représente moins la mort ou la vanité du monde que la puissance intellectuelle, le ciel des idées, la beauté, et, ce qui nous semble aujourd'hui plus inquiétant, l'identité par l'origine – comme si la langue avait un squelette. Goethe installe donc le crâne de Schiller sur son bureau (près du moulage de celui de Raphaël ?). Il écrit sous son contrôle. Un poème célèbre, *Vers inspirés par la vue du crâne de Schiller*, le proclame : « *Comme elle m'enchantait mystérieusement la forme qui portait encore la trace de la pensée divine !* » Les restes attribués à Schiller sont de nouveau inhumés – sauf le crâne – dans le caveau des ducs de Weimar. La dépouille de Goethe les rejoint en 1832. Entre-temps, il a fait lui-même éditer leur correspondance, pour édifier les générations futures. On dirait aujourd'hui qu'il est pompeux et prétentieux. Il sait simplement ce qu'elle vaut.

Plus tard, le crâne de Schiller rejoint dans Weimar la bibliothèque Anna Amalia. Gilles Jallet se souvient de l'y avoir vu en 1974. Située dans un château du XVIIe siècle, la bibliothèque Anna Amalia est l'une des plus précieuses au monde. Le 3 septembre 2004, à la suite d'un court-circuit, un incendie la ravage. 50 000 livres sont détruits, la plupart des XVIIe et XVIIIe siècles. Le crâne échappe au désastre. À moins qu'un esprit dérangé – un fou de Schiller, un homme qui croit qu'un crâne peut donner de l'inspiration à celui qui n'en a pas – ait profité du feu pour voler la relique et lui en substituer une autre. Mais c'est peu probable. Et l'on continuera d'ignorer à qui appartenait le crâne qui vient d'être analysé. Ce mort anonyme a eu la belle vie : on l'a pris pour Schiller, il a vu Goethe écrire, il a vécu dans un château sublime parmi des manuscrits d'exception, et il a finalement vu brûler, comme à Alexandrie, les fleurons de la culture qu'il symbolisait. Il est temps pour lui de se reposer.

3 septembre 2008

Chaussures de Chine

Si un homme finit souvent par une cravate, une femme commence toujours par une chaussure. On n'est pas obligé de se croire étranglé par l'une ou piétiné par l'autre, mais, si la première peut être assimilée à une forme de discipline ou de volonté, il est permis de contempler la seconde comme une extrémité talonnée de la grâce : c'est par les pieds qu'une femme s'envole. C'est par eux qu'elle file pas à pas vers presque rien, vers je ne sais quoi, vers ce qui nous manque et que nous voudrions bien retrouver – si nous savions ce que nous cherchons. Et c'est par négligence qu'on met parfois du temps à laisser le regard descendre vers eux, vers leurs attaches, vers ces oiseaux, ces pinceaux, comme s'il nous était impossible d'imaginer si bas.

On sait pourtant que les désirs, comme les hirondelles, ne font notre printemps que lorsqu'ils annoncent quelque orage : il faut bien que l'on sue, que l'on pèse, que l'on s'abatte, et finalement que quelque chose crève. Mais nous sommes immodestes, moralistes et inquiets (les trois états s'encourageant volontiers) : nous ne voulons pas nous contenter de voler bas pour aller loin. Notre premier réflexe est trop souvent d'éviter les humbles merveilles de cuir enveloppant – et révélant – la cambrure de la chair. Nous voudrions tout, nous levons la tête, nous voyons peu et nous n'aurons rien.

Il m'a donc fallu quelque temps pour m'apercevoir que certaines des prostituées chinoises qui vont et viennent à Paris, autour du métro Strasbourg-Saint-Denis, ont des chaussures élégantes et coûteuses, généralement sombres, jamais criardes. C'est par là, d'abord, que se fixe leur position ambiguë, presque sévère. Les premières sont arrivées voici quatre ou cinq ans. Elles étaient deux, trois, se mêlaient aux passants comme des passantes, à quelques mètres des nombreux Africains installés autour des rambardes pour y fricoter leur business, le crier, ou ne rien faire. Elles allaient un peu moins vite que les uns, étaient plus discrètes que les autres. Timides, comme camouflées, elles semblaient avoir essuyé leurs pieds avant d'entrer sur le boulevard, comme des rosières, et, tenant fermement leur sac à main, comme de petites secrétaires, paraissaient demander leur chemin : elles racolaient non pas honteusement, mais imperceptiblement. Jamais elles n'abordaient personne. Elles étaient, selon la romanesque expression, interdites – comme interdites à leur propre métier. Elles ne s'excusaient pas, mais ne s'affichaient pas : elles faisaient leur pudique publicité clandestine. À cet endroit vivant, mélangé, populaire, personne ne semble destiné à surprendre personne. Cependant, elles surprenaient. Il a fallu quelque temps aux habitués du quartier pour comprendre que, parmi tant de nationalités, des cariatides asiatiques s'étaient installées.

Depuis cet été, elles sont plus nombreuses : une dizaine environ. Les anciennes sont toujours là. Celles qui les ont rejointes leur ressemblent. Toutes ont passé la trentaine. Elles marchent à peine et à petits pas sérieux dans ce no man's land allant du McDonald's à la boutique Celio, en passant par le perron de Gibert Jeune, où les pauvres viennent vendre et acheter leurs livres scolaires. Il y a toujours comme une raideur et une hésitation dans leur démarche. Une certaine classe (mais aussi une absence de place) les éloigne des autres prostituées du quartier – en particulier des Africaines de nuit, dont l'agressivité systématique, la méchanceté droguée et les cris brutalisant l'aube sont à l'opposé de ce désespoir si bien élevé.

C'est d'abord, disais-je, que les Chinoises n'ont pas de place fixe. Une prostituée sans espace attribué et sans mur où s'adosser ressemble à une statue sans socle : elle flotte. Les clients ne viendront pas plus se poser sur la première que les pigeons, sur la seconde. Et d'autant qu'elles peinent à l'y inciter. On pourrait penser que leur réserve est une marque confucéenne de l'éducation chinoise, d'une espèce de juste milieu. Et il est vrai que, la plupart venant du nord de la Chine, leur culture les a peut-être rendues moins démonstratives. Mais ce cliché résiste assez mal au moindre voyage dans l'empire du Milieu : non seulement les Chinois ne sont pas spécialement discrets, mais, pudeur ou pas, les prostituées racolent là-bas le client comme ailleurs, comme partout. Leur attitude vient peut-être de ceci : aucune de ces femmes n'est venue en France pour faire ça. On voit sur leurs visages, dans leur maintien, à travers la délicatesse de certains gestes brusquement contredite par une grimace peinte et forcée, ce que des enquêtes ont confirmé : elles avaient là-bas des métiers ordinaires, pour une raison ou une autre elles les ont perdus, elles tiennent désormais un rôle à contre-emploi. Un long voyage, des dettes et quelques déceptions ont accompagné cet atterrissage imprévu. Les belles chaussures les rappellent à leur honorabilité perdue, les renvoient probablement à leur rêve. Rien n'est plus insolite ni émouvant que ces femmes bien chaussées qui ne semblent jamais à leur place.

En observant leurs pieds, de tailles variables mais ordinaires, il est difficile de ne pas songer aux fameux « petits pieds », de huit centimètres de long, que je découvris dans *Tintin et le Lotus bleu*, et qui rendaient fous les hommes en torturant les femmes sous la dynastie Song (960-1279). C'était l'époque des délicats poèmes de Li Ts'ing-Tchao : *« Le parfum du lotus rouge s'évanouit sur la natte couleur de jade. C'est l'automne./Je dégrafe légèrement mon vêtement de soie,/et monte seule sur la barque aux motifs d'orchidées. »* Au XVIIe siècle, Fang Sun inventoria cinquante-huit sortes de « petits pieds ». On les appelait *« fleurs de lotus »*. Ils stimulaient le désir des hommes. La classification fit autorité jusqu'en 1900. En chinois, pied se dit *« zu »*. Un rectangle, symbole du genou, domine le caractère. Allié à celui qui désigne le métal, *« zu »* signifie « or pur ». C'est bien ce qui, après un voyage de dix mille kilomètres, s'est déposé sur la bruyante impureté d'un trottoir parisien. Une barque sans orchidées a mené ces femmes en Europe. Elles ont dégrafé leur vêtement de soie, et elles sont seules.

17 septembre 2008

L'incident métropolitain

C'était une femme brune aux yeux clairs d'environ 1,80 mètre, légèrement raide et qui, dans l'élégance massive de la silhouette, avait quelque chose de désarticulé, de provincial – s'il est encore possible de qualifier ainsi ce qui est en quelque sorte vieilli avant l'âge par la marche de plus en plus fluide et sauvage du temps : elle était comme une rue à colombages entre des gratte-ciel chinois. Se levant ou s'asseyant de manière brusque, anguleuse jusque dans ses rondeurs, elle paraissait s'extraire d'un rêve de nerfs et d'os. Elle avait une trentaine d'années, portait une longue robe entièrement blanche. Un rouge vif recouvrait ses lèvres, ses épaules étaient épaisses, et sa chair très pâle. Elle s'était habillée comme pour aller dans une soirée qui la gênait, dont elle n'avait pas les codes. Et cette soirée était tout simplement la vie.

Vers midi, un peu avant l'arrivée à la station de métro Miromesnil, elle s'est levée et plantée devant l'une des portes du wagon. Une grande sacoche, comme en ont les étudiants des Beaux-Arts, était coincée entre les côtes et le bras droit. Peu de monde à bord, et somnolent plutôt. La rame a stoppé, la porte s'est ouverte. Elle a semblé hésiter, puis elle est descendue d'un pas de somnambule toujours aussi raide, et c'est là que ça a commencé : elle s'est retournée, très lentement, non pas comme si elle avait oublié un sac ou un gosse à l'intérieur, mais comme si elle venait de penser à quelque chose sans savoir encore exactement quoi. Son regard flottait dans de la brutalité vide. Son immobilité était si parfaite qu'elle avait tout arrêté : la rame, les gestes des autres, leurs consciences peut-être, et finalement le temps. Elle était si parfaitement inquiétante que ceux qui l'observaient se sentirent mal avant de deviner pourquoi, tandis que ceux qui ne la regardaient pas encore se mirent instinctivement à le faire – comme si chacun allait finir par la rejoindre et ne plus jamais bouger.

Quelques secondes passèrent, dans le silence on pouvait entendre chacun se demander : « *Mais qu'est-ce qui se passe ?* » Puis, en regardant toujours le wagon ouvert, elle poussa un long, strident, un insupportable cri. Et elle s'écroula au ralenti. « *C'était le cri,* dit plus tard une passagère, *d'une femme à qui on a planté un couteau dans le dos. Je ne l'ai jamais vu faire, mais ce doit être ça. C'est en tout cas ce que j'ai pensé : on lui a planté un couteau dans le dos. Mais j'ai aus- sitôt regardé à l'endroit où elle était assise, et il n'y avait ni homme ni couteau.* » Le regard de la passagère rejoignit ceux des autres en direction du quai. Les jambes s'étaient progressivement amollies, avant de flotter dans un sens et dans l'autre, un peu comme des lanières. Un Maghrébin d'une soixantaine d'années la prit dans ses bras et accompagna sa chute en la serrant de plus en plus fort, comme une enfant.

– Pourquoi précises-tu : un Maghrébin ? Tu as mauvaise conscience ?

– Situledis… Ilyatantdegensqui s'improvisent experts de l'inconscient et des intentions des autres, aujourd'hui… Pourquoi pas toi… Pourquoi dire qu'il était maghrébin ? Parce que les autres ne l'étaient pas et parce que c'est lui qui a eu le réflexe. C'est un pays raciste, tu ne crois pas ? Il est toujours bon de lui rappeler la générosité individuelle de ceux qu'il aime agglomérer et juger collectivement.

– Tu ne les changeras pas. Au contraire. Ce sera leur bon Maghrébin. Un vieux. Bien habillé. Galant. Laïc. Voltairien, pourquoi pas ? À sa place en tout cas. L'implicite exception qui confirme la règle. Tu aurais pu dire : un jeune Maghrébin.

– J'aurais pu. Mais je lui dois la vérité, à cet homme-là. Ce n'est tout de même pas parce qu'il est arabe que je vais le rajeunir. Reprenons. Il lui murmurait des paroles douces, réconfortantes, en la tenant de plus en plus ferme. « *Ça va aller, ça va aller, je suis là…* » Il la serrait comme pour étouffer et digérer sa souffrance. L'un et l'autre devenaient un bloc de matière et d'humanité comprimées. Elle avait recommencé à crier, comme une folle. C'est ce que dit un autre passager : c'est une folle, en crise de décompensation. Mais la flaque de sang qui commençait à s'étendre sembla donner raison à la passagère du couteau. Cette femme était blessée. À cet instant, le Maghrébin lui dit : « *Votre main est là. Vous n'avez pas perdu vos doigts. Juste peut-être un ongle…* »

On comprit qu'elle n'avait pas suivi le conseil du petit lapin de la RATP, celui qui dit : « *Attention ! Ne mets pas tes mains sur la porte, tu risques de te faire pincer très fort !* » Ce tutoiement s'adresse aux enfants. Mais les pauvres adultes, qui y pense ? C'est alors qu'elle cessa de crier et dit en suffoquant : « *Je suis pianiste !* » Et tout le monde se sentit glacé. Il lui avait fallu quelques secondes pour comprendre et sentir ce qui lui était arrivé. Puis, croyant avoir perdu quelques doigts, la panique avait anticipé et redoublé la souffrance qui montait. « *Quelle horreur…* », murmura la passagère au couteau. Et son angoisse se transforma en compassion.

La pianiste avait bien cette allure d'albatros – de provincial, disais-je – propre à tant de musiciens classiques. On dirait qu'ils ont du mal à rejoindre leur corps quand plus aucun son n'en sort. Un autre passager se demanda à voix haute si les mains étaient assurées, comme le sont celles de certains musiciens, artistes. Le drame des uns réveille l'imagination des autres. Comme la rame ne repartait pas, une employée de la RATP arriva, talkie-walkie en main. Elle observa et dit d'une voix forte à la pianiste, qui gémissait : « *Allez, ça va s'arranger, ce n'est pas si grave…* », d'un air de dire : « *Et ne nous emmerdez plus !* » Le métro et le temps devaient suivre leur cours. Elle ajouta pour tout le monde : « *Il faut la déplacer et l'allonger sur les sièges !* » Qu'une politique anti-SDF a, comme on sait, suffisamment espacés pour les rendre impropres à cet usage. L'employée de la RATP avait parlé, elle ne bougea plus. La pianiste, hagarde, ne parvenait pas à remuer. Que croyez-vous qu'il arriva ? Ce fut le Maghrébin qui l'aida.

31 décembre 2008

LE PÈRE NOBEL 2008

C'est quoi, un écrivain ? C'est d'abord un homme seul. Il descend par la cheminée, avec son stock d'illusions perdues et retrouvées par la phrase, elle et rien d'autre, mais, contrairement au vieux Nicolas, il ne vient pas à date fixe. Un écrivain n'est attendu par personne. Il vide sa hotte dans la nuit, malgré tout, malgré lui parfois, des cadeaux qu'on n'a pas demandés, et il retourne là où les autres ne vont pas, ne veulent pas aller, parce qu'ils ont peur d'être seuls. À l'aube, avant le réveil des adultes, des gens sérieux, les premiers debout ouvrent les paquets. Ce qu'ils découvrent n'est pas ce qu'ils avaient commandé. D'abord, ils sont surpris, déçus, presque furieux, mais peu à peu ils s'intéressent, s'enthousiasment, se concentrent, et, finissant par oublier le reste, tout ce qui était prévu, foire aux dindes et sapin en bois de cercueil, ils ne font plus travailler leur imagination qu'avec ces cadeaux insolites, encombrants, comme les enfants font et refont le monde avec les emballages.

C'est quoi, un écrivain ? J.-M. G. Le Clézio s'est posé la question, le 7 décembre à Stockholm, dans son discours de réception du prix Nobel de littérature. Ceux qui n'aiment pas Le Clézio le trouvent plat, sérieux, ennuyeux. Ils ne voient qu'une suite diaphane de clichés, de mots trop bien élevés. Pour eux, l'auteur de *Désert* est un dromadaire qui le traverse en ruminant son rêve édénique avec un flegme vertueux et plus ou moins idiot. Ceux qui l'aiment rappellent que, comme tout véritable écrivain, il a eu des styles, des moments, des époques ; que, depuis trente ans, la transparence de sa prose porte la profondeur de son témoignage imaginaire, comme certains lacs de montagne ; que ses phrases, si on les lit de près, sont soumises par l'adjectif à des modulations infimes, qui font boiter leur apparente banalité ; et que les ennemis de Le Clézio ressemblent à ces touristes aveugles qui, dans le désert justement, sont incapables de remarquer le moindre signe de végétation et de vie.

C'est quoi, un écrivain ? Pour Le Clézio, c'est d'abord *« un témoin malgré lui, à son corps défendant »*, mais pas de n'importe quoi ni de n'importe qui : *« S'il y a une vertu indispensable à sa plume, c'est qu'elle ne doit jamais servir à la louange des puissants, fût-ce du plus léger chatouillis. »* Albert Camus, recevant le prix Nobel 1957, disait à peu près la même chose : *« Par définition, l'écrivain ne se peut mettre aujourd'hui au service de ceux qui font l'histoire : il est au service de ceux qui la subissent. »* Cette expérience humaniste de la littérature n'est pas la seule, mais, au regard de la liste des primés, elle est bien celle des jurés Nobel : leur écrivain est plutôt un mec bien, dont l'œuvre embrasse le monde et élève l'homme contre les forces qui l'avilissent ou l'écrasent.

Mais cela, pour Le Clézio comme pour d'autres, n'est pas suffisant. La place de l'écrivain, acteur et voyeur, est si ambiguë, si douteuse, qu'il ne peut s'en satisfaire. Sa révolte contre le sort fait au monde agit d'abord contre lui-même : il se débat, c'est une expression de Stig Dagerman, « *dans la forêt des paradoxes* ». Cette vie en forêt, « *il y a quelque chose de désespéré en elle, et au même instant de jubilatoire, parce que c'est dans l'amertume que se trouve la part de vérité que chacun cherche* ». C'est la plus belle phrase de ce discours de Suède, la plus juste, celle d'un lecteur de Lautréamont : par la révolte, l'amertume conduit à la vérité.

En 1957, Camus disait : « *Chaque génération, sans doute, se croit vouée à refaire le monde. La mienne sait pourtant qu'elle ne le refera pas. Mais sa tâche est peut-être plus grande. Elle consiste à empêcher que le monde ne se défasse.* » Le Clézio, ce vieil adolescent, ne parle plus de génération. Mais il a compris, ajoute-t-il, que la littérature « *pouvait exister, malgré toute l'usure des conventions et des compromis, malgré l'incapacité dans laquelle étaient les écrivains de changer le monde* » : « *Quelque chose de neuf et de très ancien à la fois, impalpable comme le vent, immatériel comme les nuages, infini comme la mer.* » En résumé, dans cet enfer, le paradis – qui est là où il écrit.

6 mai 2009

EXTINCTION DE PRESSE

« *Plus on a besoin de comprendre le monde, moins il y a de journalistes pour faire le travail.* » Je ne sais plus lequel d'entre nous a dit ça, mais les autres ont trouvé la phrase aussi juste que possible : un cercueil sur mesure – le nôtre. Il est vrai que l'Amérique est toujours en avance d'un progrès ou d'un désastre, et que, nous éloignant un moment de Duke, nous venions de visiter le Washington Post. Contrairement à d'autres grands quotidiens américains, celui-là n'est pas moribond. Il a encore des lecteurs, 12 à 13 millions de « visiteurs » par mois sur son site. Mais, comme tous les autres journaux, il n'est plus rentable et se vide vite.

La visite a lieu en fin de matinée, il fait beau. Le grand plateau où Dustin Hoffman et Robert Redford (ou étaient-ce leurs modèles ?) décanillaient Nixon est plutôt désert. Les journalistes présents ont une trentaine d'années. Tout ce qui a plus de cinquante ans a été remercié. C'est étrange, un journal sans vieux ni demi-vieux. On dirait une cave remplie de beaujolais nouveau. Il manque les vieux crus, leurs amateurs, leur culture, leur ivrognerie : il manque comme une perspective à la jeunesse. Sur les bureaux abandonnés, on voit les traces toutes fraîches des remerciés. Il y a même des plaques à leurs noms. Chers disparus.

Naguère, le *Washington Post* avait vingt-six correspondants. Il lui en reste vingt. Le poste de Paris a été fermé. Un « demi-retraité » (me dit-on) suit désormais l'Hexagone. L'énergie adolescente et les gesticulations de Nicolas Sarkozy amusent les Américains, surtout depuis qu'il a épousé Carla Bruni.

Un journaliste d'une juvénilité sans âge, Griff Witte, nous reçoit. Il est responsable du service Asie. Griff est blond, lisse et ferme. S'il doute de son métier, ça ne se voit pas. Il fait partie des hommes que rien ne semble devoir faner. Il a dû faire un pacte avec l'actualité. Elle le conserve, comme Dorian Gray. Les vices qu'elle charrie doivent dormir dans un grenier, quelque part, avec les fantômes des Hommes du président. J'y reviens, car c'est à eux qu'on pense malgré soi lorsqu'on visite le *Post*. Ils ont donné sa légende au journal, et à tous les journaux. Cette légende anime les survivants, comme un cycle arthurien. Dans la salle aveugle où sont reçus les visiteurs importants, il y a la plaque cuivrée de la « une » du jour où Nixon démissionna. C'est un lieu confortable et sombre, un conseil d'administration de la conscience planétaire. Le pouls du monde a dû y battre, quelquefois. On devait fumer, penser, et même boire. Griff a une phrase simple pour définir la nature du métier que cet endroit continue de symboliser : *« Notre job est de défier l'autorité. »*

Il a dirigé les bureaux de Kaboul, d'Islamabad et de Jérusalem. Il a couvert l'assassinat de Benazir Bhutto, la chute de Pervez Musharraf, collaboré au livre de Steve Coll, *Ghost Wars*. Cette enquête, Prix Pulitzer, raconte l'histoire récente de l'Afghanistan (et le grand jeu dont il refait l'objet). Elle n'a pas été traduite en français. Le livre d'un collègue de Griff, Rajiv Chandrasekaran, l'a été : *Dans la zone verte* (Éditions de l'Olivier) décrit l'installation des Américains à Bagdad. Une remarquable anatomie du désastre. Naturellement, elle n'a eu en France aucun succès. La plupart des gens préfèrent tout ignorer des situations qu'ils s'empressent de juger.

Dans quelques jours, Griff repart au Pakistan. Les opinions et les éditoriaux ne l'intéressent pas : son domaine, dit-il, c'est l'objectivité. Il en parle avec flegme et naïveté, comme d'une grâce acquise et efficace. Les temps sont durs, il faut être meilleur qu'eux. Selon lui, le nouveau journaliste de quotidien doit savoir photographier, filmer, faire du son, éventuellement tenir un blog, répondre en ligne aux lecteurs impatients et, tout de même, lorsqu'il lui reste du temps, entre 3 heures et 5 heures du matin, écrire son article. Ensuite, il peut prendre une douche avant de retourner sur le terrain. Griff est le journaliste qui ne dort pas tel qu'on le rêve quand on dort. *« Believe it or not »*, c'est un héros.

Quelques jours plus tard, de retour à Duke, nous visitons le *News Observer*. C'est le bon quotidien de Raleigh, en Caroline du Nord. Il date de 1880. Sa diffusion (162 225 exemplaires en semaine, 207 081 le dimanche) a peu baissé ; mais, là aussi, la gratuité dissout la vie et l'on vire beaucoup. Nous rencontrons dans une salle, en sous-sol, des reporters chevronnés. Une trentaine d'entre eux viennent d'être licenciés : six mois de salaire, et allez vous faire pendre ailleurs, c'est-à-dire nulle part. Dans quelques heures, certains pleureront, discrètement, sur le sort du métier qu'ils ont aimé et qui s'en va. D'autres veulent créer de petites agences réunissant les meilleurs spécialistes de leur domaine, publiant sur l'Internet et financées par des mécènes. D'autres encore finissent, sur des blogs lus par on ne sait qui, une vie bien remplie.

Personne n'est syndiqué, ni agressif, ni devin. On sourit, on décrit, on réfléchit : que restera-t-il de la démocratie quand les pouvoirs, locaux ou nationaux, auront compris qu'aucun journal n'est désormais assez puissant, ni assez peuplé, pour « défier l'autorité » ? L'extase citoyenne et spontanéiste de la Toile ? Rires discrets. « *Les quotidiens ne vont pas mourir,* dit une journaliste licenciée. *Mais, pour survivre, ils ne traiteront plus que quatre domaines : la politique, le sport, les faits divers, le divertissement. Tout le reste va disparaître.* » Adieu, d'abord, à la culture : la critique sérieuse, un peu développée, disparaît des journaux américains. On a décidé de prendre les lecteurs qui restent soit pour des savants, soit pour des imbéciles.

Au même moment, à Washington, les gens visitent un nouveau musée à la gloire du journalisme : le NewsMuseum. C'est un haut bâtiment transparent. On voit les photos, les traces et les reliques d'une épopée héroïque, largement américaine. Des groupes scolaires viennent visiter. Il y a de la lumière, des images, de l'interactivité, de vieilles machines à écrire, le casque de guerre d'un ancien Prix Pulitzer. On a inauguré l'endroit au moment où ce qu'il célèbre disparaît. C'est Journalistic Park, et les enfants aiment ça.

10 novembre 2009

Un mur sans corbeaux

Après un siècle de vie, Claude Lévi-Strauss est mort au moment où débutait la célébration relativement univoque des vingt ans de la destruction du mur de Berlin. Un mur qui tombe, c'est un mur qui tombe, autrement dit une bonne nouvelle. On montre donc un peu partout ce que les Allemands de l'Est ont gagné : la liberté politique. Mais, allez savoir pourquoi, on aimerait aussi comprendre ce qu'ils ont perdu. Autrement dit, ce qu'ils ont été. Avec les joies d'alors, petites ou grandes. On aimerait qu'ils nous disent comment il faisait bon vivre, parfois, même sous Honecker et la Stasi. Qu'ils soient autre chose que les preuves documentaires de leur propre fin.

L'anniversaire de l'événement rappelle ce que l'anthropologue disait, en 1984, à Bernard Pivot : « *Au fond, est-ce que nous n'utilisons pas l'Histoire un peu à la façon d'un mythe, en l'organisant de telle façon qu'elle nous aide – ou que nous croyons qu'elle nous aide – à mieux comprendre notre passé, notre position actuelle dans le monde et les choix politiques que nous faisons ?* » L'incise « *ou que nous croyons qu'elle nous aide* » est importante : on croit souvent des autres ce qu'on veut croire pour ne pas désespérer de soi-même.

Ce numéro d'« Apostrophes », disponible sur le site de l'Institut national de l'audiovisuel et en DVD, est une bonne introduction aux œuvres de Lévi-Strauss. À soixante-quinze ans, immobile et serré de près par la caméra, il a ce beau visage ascétique de renard distingué, ferme et blessé par ce que l'humanité a fait du poulailler. Il reçoit chez lui, devant sa bibliothèque. Au milieu de l'émission, Pivot s'étonne de ne pas voir davantage de masques et de statues. Lévi-Strauss dit qu'il a presque tout donné, jadis, au musée de l'Homme. Toutefois, remarque Pivot, il y a quand même ce totem, là, à droite. C'est un mât sculpté en réduction. Il vient d'une tribu indienne, les Haidas, vivant dans les îles au nord-ouest du Canada. La caméra abandonne le beau visage et va et vient lentement, de haut en bas et de bas en haut, le long du mât. Lévi-Strauss explique : « *Ce sont des blasons, exactement comme les blasons de notre Moyen Âge.* » Ils racontent qui sont les ancêtres des aristocrates haidas, des êtres mi-hommes, mi-animaux. Ils datent du temps des mythes, car un mythe, « *c'est une histoire qui se passe à une époque où les animaux et les hommes n'étaient pas réellement distincts, où ils pouvaient passer indifféremment de la forme humaine à la forme animale* ». La caméra revient sur son visage, légèrement souriant : « *Ce qui me semble d'une vérité presque tragique : notre condition est de passer notre vie à côté de ces êtres avec qui nous ne pouvons communiquer. L'âge du mythe, c'est celui où cette communication était possible.* »

Il se met à décrire et à expliquer, avec une précision naturellement émerveillée, ces figures du totem, « *des personnages monumentaux, grandioses, pleins de pensée, pas du tout des fadaises à la Walt Disney, et dont vous ne pouvez pas dire si ce sont des animaux ou des humains* ». À cet instant, il a l'âge des mythes qu'il convoque et celui d'un enfant qui rêve : c'est le même âge. La caméra descend et remonte lentement sur le bois, s'arrêtant pour chaque explication. Il y a l'ours, le castor, et cette étrange créature féminine : « *Vous voyez trois petits motifs en forme de demi-lune sur le front qui représentent les ouïes d'un poisson, et, au-dessous, un organe protubérant qui est la queue. À ces signes, vous savez qu'il s'agit d'une roussette – un petit squale.* » Et il explique le mythe de la femme changée en roussette. Enfin, voilà « *quelque chose de très important, le corbeau : la principale divinité de ces peuples, qui ont résolu le problème du mal d'une façon très différente de la nôtre. Nous, nous faisons un dieu tout-puissant et très bon, et nous n'arrivons pas à comprendre comment le mal est entré dans l'univers. Eux, ils font un dieu qui est un trompeur, par vocation et par nature, et qui par conséquent fabrique en même temps le bien et le mal. D'où l'absence totale de problème à se poser sur l'existence du mal dans l'univers* ». « *Ils ont bien de la chance* », sourit Pivot. Oui, dit Lévi-Strauss, bien de la chance. Quelques corbeaux manquaient sur le mur de Berlin.

24 février 2010

Le temps des « freshmen »

En cette période de l'année, les étudiants de Duke sont souvent malades ou fatigués. L'université est quadrillée par des fraternités (pour les garçons) et des sororités (pour les filles). Elles recrutent comme à l'armée, sélectionnent comme en entreprise. Nul n'est obligé d'y entrer, mais la candidature semble un acte important pour ceux, et ça fait du monde, qu'inquiète la solitude et que travaille l'ambition. Leur objectif précis n'est pas clair, mais la plupart sont faites pour, dit-on, « relever l'enfer » (alcool, fêtes, nuits blanches et bringues de toutes sortes). Comme toute microsociété, la fraternité est d'abord destinée à s'entretenir elle-même et à épuiser l'énergie de ses membres. L'idée est que l'étudiant, entre ses études et ses activités sociales, n'ait pas une minute à lui. Si certains protestent contre l'impératif catégorique du temps à remplir, la plupart semblent hantés par l'idée qu'ils pourraient le perdre – comme on gaspille de l'argent gagné par d'autres. Une étudiante m'a écrit : « *Les décisions seront plus faciles à prendre avec le temps qui passe, mais le temps est une chose qui me dérange.*

Actuellement, je le déteste. » Et une autre : « *Je crois qu'il faut tirer le meilleur parti d'une journée, et j'essaie de ne jamais perdre une seconde. J'admire les gens qui poursuivent leurs rêves, malgré le risque, et qui meurent heureux. Je voudrais rester jeune pour toujours, le temps ne peut donc pas limiter ce que je voudrais faire dans ce monde.* » Le temps est le maître à soumettre, l'ami et l'ennemi intime.

Un étudiant grand, solide et blond, Scott, a manqué quelques cours à cause de son entrée en fraternité. C'était l'époque dite du « rush ». Parmi les « undergraduates » (ceux qui n'ont pas fini le cycle de quatre ans), il y a dans les universités américaines quatre sortes d'étudiants : le « freshman » (première année), le « sophomore » (deuxième), le « junior » (troisième), le « senior » (quatrième). Le « freshman » – l'homme frais, le nouveau – qui veut entrer dans une fraternité doit être candidat dans plusieurs et subir toute une série d'épreuves et d'entretiens plus ou moins ludiques. C'est le « rush », un parcours épuisant et une sorte de bizutage. Fin janvier, le « freshman » a choisi ou est choisi. Que devient-il ? « *L'esclave des autres,* résume Scott. *Je vais devoir les conduire en voiture où ils veulent et quelle que soit l'heure, faire des courses pour eux, etc.* » C'est la période du « pledging » – de l'engagement.

Scott et la porcelaine

Scott est entré dans mon bureau avec son sourire intelligent et narquois, vaguement épuisé et gavé d'antibiotiques. Il a une mâchoire carrée et ressemble à un personnage de Fitzgerald, l'alcool et les états d'âme en moins. Son français est excellent. Il a passé deux ans à Limoges. Il en garde un bon souvenir, *« parce que j'étais seul, et, dans mon lycée, seul Américain »*. Scott aime bien être le premier, peut-être le seul. Le lycée pensait avoir trouvé un basketteur de premier ordre, *« mais, manque de chance pour eux, moi, c'est le water-polo »*. Limoges est une ville qui lui a plu, comme la France. Toutes ces plaintes et ces manifestations, tout ce pathétique de la pauvreté et des luttes sociales l'amusaient beaucoup.

En cours, Scott a toujours l'air fermé, en état de refus, jusqu'au moment où il l'ouvre : tant qu'il ne se prend pas pour Scott, ses remarques sur les textes sont précises et pertinentes. Il a une élégance féroce, presque darwinienne. Il est programmé pour réussir et il réussira. S'il était vieux, idiot et brutal, il serait satisfaisant de le juger. Mais il est jeune, intelligent et fin. C'est pourquoi il est tour à tour agaçant, arrogant, pertinent, impertinent, plaisant, déplaisant. Il croit moins au déterminisme social qu'à la volonté de l'individu, et tout en lui est fait pour justifier cette croyance.

– Limoges, lui dis-je, c'est la ville de la porcelaine.

Il sourit, amusé et condescendant.

– Oui, c'est ce que tout le monde dit. *But who cares about porcelain ?*

C'est vrai, ça. La porcelaine est fragile, un peu vieillotte, et tout le monde s'en fout.

3 mars 2010

L'IDENTITÉ AMÉRICAINE

Vendredi dernier, cent cinquante résidents de Caroline du Nord ont reçu à Durham la citoyenneté américaine. Vingt-cinq d'entre eux étaient des militaires. Il y a eu cérémonie, les journaux en ont parlé. On a publié quelques photos avec des uniformes repassés, des mains droites levées. Sergent Juan Sepulveda, de Colombie, caporal Carlos Fagan, de Jamaïque, caporal Juan Gallardo, du Nicaragua, etc. On se croirait dans *Predator*, ce film de John McTiernan avec Schwarzenegger, pas encore gouverneur de Californie, où les sous-offs du commando traqué par un monstre invisible sont courageux, violents, dépecés et latinos. En Caroline, on se croit volontiers dans un film produit par l'Amérique. Le monstre doit être caché dans le gazon. Et le cinéma a dû être inventé en Europe pour justifier le rêve – ou le cauchemar – américain.

J'ai plutôt pensé, ce jour-là, à la femme de ménage du service universitaire où je travaille, la joyeuse Rosa, petite et trapue, qui débute à 5 heures et finit assez tard, quoique sans déguisement. Rosa est salvadorienne et vit ici depuis plus de vingt ans. Lorsqu'elle a quitté son pays, c'était la guerre civile. Jamais elle n'y est retournée : *« J'ai oublié jusqu'aux visages de ma famille et jusqu'aux noms de certains d'entre eux »*, dit-elle en souriant. En général, nous parlons cuisine. Il lui arrive encore de faire des *« pupusas »*, les galettes de maïs farcies typiques du Salvador. Elle décrit leur préparation avec un luxe de détails, comme pour les manger deux fois. Ses fils travaillent dans un restaurant, l'un est chef, *« mais ils ne savent cuisiner que des plats américains et italiens »*.

La Caroline du Nord est un État pauvre, socialement meurtri, qui a toujours fourni beaucoup de chair à canon au pays. On ne peut imaginer une province où les gens soient plus aimables. Un grand plaisir est de les regarder dans les yeux, quels qu'ils soient. Aussitôt ils sourient, d'un sourire éclatant, complice, presque virginal : un camélia fleurit sur leur visage.

Qui est américain ?

Pendant la cérémonie, chaque nouveau citoyen tenait un petit drapeau américain. On en voit, mais des grands, devant certaines maisons à colonnades du quartier où je vis. Ce sont en général, me dit-on, celles des parvenus. Ils se prennent pour la moustache de Rhett Butler, le cheval de Scarlett O'Hara ou le conseiller de Dick Cheney. Ils exposent leur patriotisme comme ils étalent leur richesse, en débordant sur les voisins : leur meringue, mal et vite cuite, a coulé hors du moule.

On a posé deux questions aux nouveaux citoyens : qui est américain ? À quoi ressemble un Américain ? Un consensus s'est établi pour répondre qu'un Américain, c'était eux et ça ressemblait à eux. C'est-à-dire à tous, autrement dit à chacun, *« à toutes les ethnies représentées parmi nous »*. L'identité, ici, se développe organiquement. Elle ne vient jamais d'un centre qui n'existe pas. La plupart des cent cinquante sont nés, comme on l'a vu, en Amérique latine ou dans les Caraïbes. Depuis dix ans, Durham, ancienne capitale de la cigarette, est investie par les latino-américains. On trouve aussi de nombreux Haïtiens, et le mouvement de solidarité après le tremblement de terre a été profond, concret, à tous niveaux. Le département des *« romance studies »* de l'université Duke donne depuis quelques semaines des cours de créole et de savoir-vivre haïtien aux médecins qui vont rejoindre l'île dévastée.

Le nouveau citoyen et sergent Whitley, originaire de Jamaïque, rejoindra quant à lui *« l'an prochain »*, nous dit-on en passant, l'Afghanistan. Ce genre de détail local aide à comprendre que la guerre s'est installée. Le même jour, à la rubrique nécrologique, on annonçait la mort de Ronald Warren Allen, soixante-cinq ans, diplômé du lycée en 1963, membre de l'église épiscopale Saint-Matthieu et d'une association de la Légion américaine. Une photo le montre, jeune, en uniforme et avec casquette. Les nécrologies rappellent l'ordre des valeurs. Celle-ci précise que Ronald a passé deux ans dans l'armée de 1965 à 1967, mais le mot Vietnam n'est pas prononcé.

31 mars 2010

BARBECUE ET POLANSKI

Ce soir-là, on dîne en terrasse pour la première fois. Trois amies américaines sont allées voir *Alice in Wonderland*, de Tim Burton. Je les rejoins chez Q Shack, un restaurant populaire sudiste de Durham. On y fait la queue pour manger d'excellents BBQ ribs avec des gombos frits et des hushpuppies (pain de maïs avec œuf et oignon, le tout frit en longs petits morceaux, « *nos frites à nous* »). Une imposante collection de bouteilles vides, situées près de la caisse, permet de choisir sa bière. Il y a longtemps que j'ai opté pour la Hell's Belle, une bière blonde avec blonde infernale sur l'étiquette. On s'assied dehors, sur de grandes tables en bois. Un orchestre joue de la bluegrass country. On parle du film de Burton jusqu'au moment où je dis :

– Celui de Polanski, *The Ghost Writer*, n'a pas l'air mal non plus.

Aussitôt, le regard clair de Charlotte, danseuse, trente ans, face à moi, se métallise sans pitié par-dessus les gombos. Céline a décrit ce regard d'Américaine armée : « *Elle n'avait pas qu'un corps, Lola, entendons-nous, elle était ornée aussi d'une tête menue, mignonne et un peu cruelle à cause des yeux bleu grisaille qui lui remontaient d'un tantinet vers les angles, tels ceux des chats sauvages. »* Je croque un hushpuppy, boit une gorgée de Belle d'enfer. Charlotte dit d'une voix calme, irréductible :

– C'est possible, mais je n'irai pas le voir. C'est un criminel. Il a fui et il continue à faire ses films et il vit dans un chalet en Suisse. Il n'a pu le faire que parce qu'il était un cinéaste célèbre, soi-disant talentueux. Moi, je n'en sais rien : je ne vais pas voir ses films.

– Moi, si, dis-je. Certains sont remarquables. On dit que celui-ci est l'un des plus réussis.

– Il y avait une critique dans le *New Yorker*, je ne la lirai pas. Je ne lis rien de ce qui le concerne. Et bien sûr je n'irai pas plus voir ce film que les précédents.

– Moi, si. Je suis curieux de le voir.

Criminel ou artiste

Le regard de Charlotte se métallise un peu plus, soulevé par un léger sourire : le plaisir de la dispute aiguise la passion morale. Il s'agit d'aller le plus loin, le plus durement et le plus précisément possible dans l'affirmation de ses opinions, sans jamais tomber dans l'engueulade ni le manque de respect. Ici, on appelle ça *« a discourse »*. Il durera une demi-heure.

– Tu acceptes donc de soutenir ce criminel, de lui donner de l'argent en allant voir son film.

– Ce n'est pas le criminel que je soutiens. C'est l'œuvre de l'artiste que je vais voir.

– Tu fais la différence entre le criminel et l'artiste ?

– C'est toi qui la fais. Et tu décides que, étant criminel, il ne peut exister comme artiste.

– Je constate que ce criminel est plein d'amis, d'argent, de gloire. Et que le fait qu'il soit criminel ne l'a pas gêné. Au contraire…

– Tu prends les choses à l'envers. Quand j'allais voir ses films il y a quinze ou vingt ans, je ne savais rien de cette histoire de viol. Je ne m'intéressais qu'aux films.

– Mais si tu vas aujourd'hui au vidéoclub du coin, tu verras qu'il y a maintenant un rayon Polanski. Son crime a fait sa gloire.

– Pas pour moi.

– Tu y contribues. Moi, je trouve malheureux…

Le mot qu'elle emploie est : « *unfortunate* ».

– … qu'un criminel puisse continuer à faire ses films et que tant de gens aillent les voir. C'est en prison qu'il aurait dû créer, puisque c'est ce qu'il mérite.

Pour Charlotte, Polanski est deux fois criminel : comme violeur d'une mineure, comme fuyard. La seconde cause n'est pas moins pire que la première : il faut affronter, devant les juges comme devant sa conscience, les conséquences de ses actes. Charlotte est libérale, comme on dit ici. C'est une forme de vertu. On est en Amérique.

17 novembre 2010

La France du Goncourt

– Vous avez bien fêté votre Goncourt ?
– Oui.
– Oui ?
– Oui.

Michel Houellebecq vient de faire don de son roman à ce prix, il est l'invité du 9 novembre au matin sur France Inter. Le temps de réponse de l'écrivain n'est pas celui des radios, des télés. On y parle vite et on attend qu'il réponde vite, avant d'oublier, comme une sauterelle. Lui, c'est un lamantin. Tout est toujours un peu mat, bafouillant, endormi, contradictoire, inerte. Idiot ou pas, le message qu'on lui envoie part dans la brume, sur le graisseux vaisseau *Nostromo*. Il ralentit en route, passe des espaces plus ou moins comateux, s'éveille avant d'atterrir sur la planète Houellebecq. Un monstre humain, trop humain, apparaît par syllabes, phrases incertaines, et le message repart dans l'autre sens tout aussi lentement. Une raison du succès du personnage est qu'il n'a pas accéléré.

La Carte et le Territoire (Flammarion) ne fait guère polémique – l'autre nom qu'on donne au débat lorsqu'on veut parler d'un dialogue de sourds –, mais il en faut quand même une, sinon, comment vendre et se vendre ? En ce monde, tout est affaire de position, de bruit : la maladie publicitaire a contaminé ceux-là mêmes qui la dénoncent, qui se veulent « contre le courant ». Le troupeau fait pitié, ceux qui affectent de s'en écarter aussi. À ceux qui disent que Houellebecq est devenu « consensuel » (puisqu'il a eu le Goncourt, CQFD), il dit ce qu'il a déjà dit : « *Je choisis pas grand-chose, en fait. J'observe l'époque, j'écris des livres, mais je ne contrôle absolument rien. On ne contrôle rien. Au fond, rien.* » Vieux discours : celui de l'écrivain qui, en quelque sorte, est écrit.

La Creuse et la Chine

Il est question de la Creuse. Houellebecq y vit dans le livre, il y est passé en voiture dans la vie. C'est un beau département. Monet y a peint le long de la rivière quelques coteaux massifs et déprimés, dans des roux métalliques, comme si la vie, cet événement splendide, était couverte de rouille. Les tableaux sont au Grand Palais. « *J'ai beaucoup aimé la Creuse* », dit l'écrivain, mais il lui a fallu partir pour le comprendre. Lui, qui vit en Irlande, trouve « *très violent de revenir en France et d'écouter tout, Jean-Pierre Pernaut, Julien Lepers, de regarder les paysages... On va en France et on s'aperçoit que Jean-Pierre Pernaut est peut-être réellement visionnaire de quelque chose* ». Patrick Cohen : « *C'est la France de Denis Tillinac ?* » Il confond mélancolie et nostalgie. La mélancolie mord, la nostalgie n'a plus de dents.

Houellebecq est du côté des artistes conceptuels, de Georges Perec. Sa mélancolie est obsédée, tenue par la modernité, comme celle de son maître Baudelaire (il n'y a guère que lorsqu'il l'imite qu'il devient kitsch). Les rodomontades nostalgiques de Tillinac ? *« Je ne me sens aucun point commun avec, je suis désolé. »* De même de Gaulle, qu'il trouve sans importance.

Cohen rectifie : *« La France que vous décrivez, c'est Disneyland colonisé par les Chinois ? » « Et alors ? »*, rétorque l'autre, pour une fois vif, énervé. *« Et alors ? Le monde de la production a changé. On ne va plus produire en France, c'est fini. Je suis pas du tout un auteur qui donne des leçons. Je regarde ce qui se passe, et c'est ça qui se passe : les Chinois nous adorent en tant que destination touristique. »* Plus tard, il ajoute : *« On n'a aucun devoir par rapport à son pays. Ça n'existe pas. Il n'y a pas de citoyens, il n'y a que des individus. La France, c'est un hôtel. Pas plus. »*

Quelques minutes avant, sur France Culture, Régis Debray dit : *« Je crois que de Gaulle a été le dernier instant de ce qu'on pourrait appeler le moment Michelet de la conscience française. C'est-à-dire : la France est une personne. La France est une personne qui oblige. Une mère. La princesse des contes. Or, il est évident qu'aujourd'hui la France n'est plus une personne… pour les Français. Pour ses dirigeants, c'est peut-être une entreprise ou une firme. Peut-être que la valeur aujourd'hui, c'est le Marché avec un grand M, je ne sais pas. Nous commémorons ce que nous ne sommes plus. »*

23 février 2011

Mort d'un prélat

Comment enterre-t-on à la télé un bon écrivain, catégorie poids moyen, qui ne fut rien de plus ni de moins qu'un bon écrivain ? Comme on guillotinait un criminel : à l'aube, très vite, avec minimum de témoins et adjectifs de circonstance. François Nourissier meurt le 15 février à 83 ans. Atteint de la maladie de Parkinson, explorée et décrite par lui comme chacun de ses vices avec la gourmandise d'un bricoleur au miroir, c'était un professionnel des lettres : un type qui, de sa passion réelle et exclusive, a fait une rente, un mode de vie, un rôle de comédie humaine.

En art, ce genre d'alchimie ne pardonne qu'à ceux qui savent comment ne pas se pardonner. Nourissier, comme tant d'autres, ne s'est jamais remis de ne pas être un écrivain qu'il admirait. On écrit pour rejoindre ceux qu'on a lus. On n'y arrive pas. Cet échec amoureux, il n'a cessé de le mettre en pages, en scène. C'est le sens de son œuvre et de sa bonne autobiographie, *À défaut de génie*. Il réussit son ratage. Son narcissisme bien établi s'exprime par le sarcasme travaillé envers lui-même. Bernard Frank résume, en 1964, les ambiguïtés de cette chirurgie : « *On nous parle de la complaisance de Nourissier. Elle existe. Et quand il se fouette, j'ai l'impressison d'entendre Scapin qui crie en même temps que son maître enfermé dans le sac qu'il bâtonne.* » Il faut beaucoup d'orgueil pour feindre de croire pendant un demi-siècle que rien ne pourra vous sauver. Il faut beaucoup de misère pour en vivre. François Nourissier eut les deux, obstinément. Son talent les servit.

L'Atlantide des Lettres

Dans les JT du lendemain, la fin du cardinal de cette Église des Lettres affaiblie, de cette île préhistorique dont Goncourt est le parc-à-thèmes, fait l'équivalent d'une brève, longue ou courte. Sur BFM TV, Jean d'Ormesson tient les cordons du cercueil : ses yeux clairs baignent les enterrements. Sur France 3, Pivot dit : « *Il sait très bien qu'il a écrit une œuvre. Il sait très bien qu'il a eu une influence considérable dans la République des Lettres. Il sait très bien qu'il est un écrivain qui compte.* » Et ce « *il sait très bien* » résonne comme un « *on ne sait plus* ». Sur France 2, Edmonde Charles-Roux rejoint le cortège : « *Il n'avait pas d'autre moyen et d'appétit de vivre que celui qui passait à travers les livres.* » D'Ormesson, Pivot, Charles-Roux : souvenirs d'un monde perdu.

Sur France 2 comme ailleurs, la mort de l'écrivain vient après le reste. Avant ? Une joggeuse a disparu, Alliot-Marie respire comme elle ment, les Libyens s'éveillent. Des photos de poumons goudronnés apparaissent sur les paquets de cigarettes : le poids des maux, le choc des photos. Puis, *« Observez vos cheveux, vous connaîtrez votre prostate »* : une étude lie la calvitie précoce au cancer de l'organe. Pas de conclusions dramatiques, dit en souriant un toubib. Il est jeune, il est chauve. Enfin, Pujadas annonce *« la mort d'une figure de la littérature, on l'appelait l'éminence grise »*. Il détache les mots, souriant, comme s'il parlait d'une antilope patrimoniale ou d'un Martien.

C'est alors qu'apparaît Nourissier, en noir et blanc, il y a longtemps. Un bourgeois maigre et froid, à lunettes d'écaille et en costume gris, sorti d'un film de Verneuil ou de Gilles Grangier, mais surtout sans barbe. Nourissier sans barbe, c'est comme un léopard sans tache, comme l'abbé Pierre sans la sienne, mais pour des raisons inverses. *« On n'est point barbu au hasard, parmi les prêtres,* écrivait Barthes dans ses *Mythologies à propos de l'abbé. Derrière la barbe, on appartient un peu moins à son évêque, à la hiérarchie, à l'Église politique ; on semble plus libre, un peu franc-tireur, en un mot plus primitif. »*

La barbe de Nourissier est une barbe de compromis. Elle appartient à la hiérarchie, à l'Église politique, à l'esprit de famille. Elle dissimule les vices qu'elle révèle, caresse ce qu'elle méprise. C'est une soutane, c'est un rideau, velours et poignards, une suite de plis lie-de-vin tombant sur l'homme qui finissait en disant : *« Mais maintenant c'est assez joué, cassez-vous. Du balai, du vent, ouste ! Si vous faites vite, on vous regrettera peut-être. »* Ou même pas.

7 septembre 2011

La patronne fume

Catherine Deneuve au « Petit Journal », et non au « Grand », où à ma connaissance nul ne l'a jamais vue. C'est la rentrée sur Canal +, c'est la première. La grille a changé. L'insolence publicitaire de Yann Barthès n'est plus tout à fait en place. Elle vient plus tard, trop tard, à 20 h 05. L'insolence est fragile, casanière. Elle exige ses habitudes et son panier. De Barthès, Deneuve est le trophée de retour, le produit d'appel : par un faux monologue intérieur, il met aussitôt en scène sa joie, son inquiétude, sa souriante vanité. Le second degré, cette blanchisserie. Il paraît nettoyer les vices qu'il met à distance. Il les met sur un compte, en Suisse ou ailleurs.

Deneuve joue avec sa fille, Chiara Mastroianni, dans le nouveau film de Christophe Honoré. Elle débarque sur le plateau en robe panthère, gris et noir, un long collier autour du cou. Massive et crémeuse, c'est toujours la patronne. On sent qu'elle boit, rit, fume, cause, aime, s'énerve, s'apitoie peu, distribue ou retient les dons et les coups sans forcer. Les appétits et les passions se sont déposés et minéralisés dans ce petit corps trapu, dont la fermeté soutient l'élégance. Deneuve, c'est la Gabin des actrices. Elle prend de la bouteille et du poids sans rien perdre de son implacable naturel de séduction. Elle demeure telle que Sagan la décrivit dans sa maturité : *« Je dirai tout de suite que si Catherine Deneuve a très évidemment le physique et le talent de son métier… »* La politesse de Sagan est dans cet adverbe souligné, *« très évidemment »*. *« … elle n'en a pas, je crois, l'obsession, et qu'elle ne semble exposée ni aux excès, ni aux ravages, ni même à certains plaisirs que cette obsession procure peut-être ; qu'elle semble savoir, avec Chateaubriand, que la gloire, on la partage aujourd'hui avec le criminel et le vulgaire. »* La télé fait ce partage. Elle est là pour ça. Si l'on pense à Huppert, on voit bien ce que voulait dire Sagan : une grande actrice intelligente peut céder aux excès, aux ravages et aux plaisirs que l'obsession de son talent et de son métier lui procure. Deneuve, jamais.

Deneuve, c'est le pied

Barthès : *« Bonjour, Catherine Deneuve… Et si on se fumait une clope ? »* Deneuve, froidement amusée : *« D'accord. Ah tiens, oui… Voilà, c'est pas mal. Merci, je m'attendais pas à ça… »* Elle sourit, elle joue sans insister. Était-elle au courant ? Sans doute, puisqu'elle sort l'une des siennes, en même temps que l'animateur. Il se penche vers elle et la lui allume avec son briquet, sans cesser de sourire. Puis il tire une taffe, comme elle, dans un silence ménagé : *« C'est pas mal, hein ? »*

Elle sourit un peu, répond avec ce ton presque banal : *« Oui. C'est même très provocant de faire ça... Est-ce qu'il n'y aurait pas... »* Son poignet droit cassé par la clope cherche un cendrier. *« Non... »* Elle secoue la cendre dans sa main gauche : *« Je suis habituée, je fume partout... »* Et ce doit être vrai, car le naturel du geste éteint jusqu'aux rires organisés du parterre.

Depuis quand ne voit-on plus quelqu'un fumer à la télé ? Depuis que c'est interdit. Mon dernier souvenir, grâce au site de l'INA : Pivot se penchant vers Francis Ponge pour allumer sa clope. C'était en 1977, à « Apostrophes ». Chacun parlait de poésie clairement, précisément. À une heure de grande écoute. Tout le monde ou presque fumait. On ne fume plus, on lit moins. La cigarette télévisée est une madeleine, la poésie n'est même plus un souvenir. Ponge a décrit la cigarette, il y a longtemps, dans un poème : *« Une petite torche beaucoup moins lumineuse que parfumée, d'où se détachent et choient selon un rythme à déterminer un nombre calculable de petites masses de cendres. »* Dans la main de Deneuve, qui maintenant parle de chaussures : *« Il n'y a pas que les metteurs en scène qui soient fétichistes des pieds. Moi aussi, hein ! J'aime beaucoup les pieds. Enfin, surtout les pieds des femmes. Je trouve ça très attirant. C'est quelque chose de très intime, un pied. D'ailleurs, il y a des hommes qui ne supportent pas de voir des femmes avec des nu-pieds, de voir leurs doigts de pied. »* Et il y en a d'autres qui se damneraient pour les sucer, comme les os d'un amour vers la fin d'un repas. Comme une cigarette.

14 septembre 2011

Lacan à l'Ouest

Lacan, trente ans après sa mort : une étoile tellurique brillant dans un ciel vide, pour des gens qui dorment. France 3, le 5 septembre, diffuse vers 23 heures un documentaire de Gérard Miller, psychanalyste, homme de télé et frère du gendre, Jacques-Alain. Lequel parle de son beau-père dans le film. Jacques-Alain Miller est un baroque de l'intelligence, un histrion sévère : sa diction enfle, ses propos débordent, une rigueur méchante les reprend et les métallise. Il est l'exécuteur testamentaire de Lacan, l'éditeur des séminaires, et son descendant spectaculaire : la psychanalyse est une discipline et un jeu, un divan et une estrade. Car, avant d'interpréter ses rêves, le patient doit être capable de rêver.

Le documentaire de Gérard s'intitule : « Lacan sur le divan ». Il est sentimental et précis. Le commentaire en voix off est dit par l'auteur. Parfois, il rappelle Frédéric Mitterrand. Gérard Miller parle des penseurs qu'il aime comme l'autre des actrices qu'il adore, en vieille folle informée et sensible, avec une révérence empathique et emphatique qui flatte la nostalgie. Il a raison : tout ce qu'on a aimé et qui n'est plus là est tragique, puisque quelque chose de nous meurt avec. Les souvenirs, plus ou moins rouillés, clouent le cercueil. On finit donc par l'aimer, ce ton, comme si, en l'écoutant gonfler, on allait s'envoler pour faire le tour du monde en quatre-vingts ans. Lacan les avait quand il est mort. Lacan, Sissi, même combat. Ils nous ont fait rêver, ils ont symbolisé un empire, l'empire a disparu et on les oublie.

À son auditoire en noir et blanc Lacan dit – au hasard : « *Dans les deux cas, il s'agit d'un r'gard ! Qu'on n'croie pas que j'parle à la cantonade…* » Surprise de la remémoration : ces élisions de voyelles, ce ton familier, cette gouaille. Dans la manière de prendre l'auditoire par le bras, de le secouer au comptoir, quelque chose de Lacan évoque Gilles Deleuze à Vincennes et pas mal d'autres. Toute une époque : si l'homme flambe sur l'estrade, le langage en descend. Aussi gourou soit celui qui profère, aussi rare soit son intelligence, aussi obscure sa pensée, aussi timbré son auditoire, quelque chose de direct et d'immédiat fait sauter les barrières, les habitudes, les hiérarchies. Mais quoi ?

Penser l'impossible

Sur France Culture, lors d'une belle émission[1] de Virginie Bloch-Lainé, un psychanalyste dit : « *Il a donné une certaine ampleur et un certain poids à l'impossible.* »

1. « Une vie, une œuvre », 3 septembre.

Depuis, l'impossible n'existe plus. On l'a taillé en fines tranches. C'est devenu un carpaccio d'idées plates et fixes, bon pour la ligne, le confort et les lendemains qui ne chantent pas. Lacan ? Un type qui pense l'impossible, et qui le pense naturellement de manière impossible. Lui et d'autres sont alors les pionniers de la pensée. Ils occupent le terrain qu'il conquiert, intellectuel et médiatique. Avec sa coiffe et son cigare, ses réflexions qui se cherchent et se forment sous nos yeux, qui s'improvisent comme dans une pièce de boulevard, Lacan arpente sa propre langue comme un éleveur s'installe dans les plaines vierges de l'Ouest. Sa pensée est « open range ». Il se trompe ? Il est abscons ? Il part en tous sens ? Il ouvre.

La suite, on y est. Ce ne sont plus les penseurs qui occupent le terrain, mais les intermédiaires (analytiques, philosophiques). Ils pensent le possible et ils le pensent de manière possible. Autrement dit, ils ne pensent pas : ils conservent. C'est pourquoi Lacan, quand il apparaît, n'est plus audible. Rien n'est rodé dans son discours, tout bouscule et se cherche. Si vous tapez son nom sur YouTube, l'une des premières vidéos qui apparaît le montre, flou, tandis qu'il réfléchit au racisme. Question : *« Je me demande d'où vient de prophétiser, comme vous l'avez fait naguère, que le racisme a bien de l'avenir. Pourquoi diable dites-vous cela ? »* Il a un cigare dans la main droite, tenu entre le pouce, l'index et le majeur. Réponse : *« C'est mieux de savoir à quoi on peut s'attendre... Je l'ai dit en guise d'adieu au séminaire, histoire que les gens soient avertis. »* Pour la réponse elle-même, allez-y voir. Tout ce qu'on ne comprend pas oblige à réfléchir, plutôt qu'à oublier.

5 octobre 2011

J'ai la Dalle

– Béatrice Dalle, ça va bien ?

– Pas mal, mais de toute façon, vous êtes pas ma confidente, donc si ça allait mal, je vous le dirais pas.

– Ah, c'est vrai ? Mais je le sentirais peut-être. Parce que vous faites pas semblant.

– Non.

Béatrice Dalle, chez Pascale Clark[1]. Comme toujours, les yeux fermés, Rimbaud devenu femme : *« Cette idole, yeux noirs et crin jaune, sans parents ni cour, plus noble que la fable, mexicaine et flamande. »* En 1985, l'idole naissait dans *37°2* le matin. Il y avait ce couple, cette plage, ces baraques de bois, cette lumière : *« Elle est retrouvée/Quoi ? L'éternité/C'est la mer allée/Avec le soleil. »* Dalle était l'amour, quelque chose de brut, sans concession imaginable. Ce qui est odieux dans l'amour, c'est tout ce qui renonce à l'amour. Elle ne renonçait pas. Elle advenait. Qu'aurait-elle donné chez Pialat ?

« Je m'promène d'un film à l'autre. Un personnage, c'est une marionnette, ça m'intéresse pas. Le rôle, j'm'en fous.

1. France Inter, 28 septembre.

C'est l'âme du metteur en scène qui m'intéresse. Et ceux qui m'intéressent sont morts. J'veux tourner avec Bergman, j'veux tourner avec Pasolini, j'veux tourner avec Fassbinder. »

Elle a aujourd'hui quarante-six ans, a tourné avec Gaël Morel, on l'écoute : elle revient une fois de plus d'une saison en enfer, au paradis, c'est la même chose. La poésie est loin derrière, loin devant. Entre ses parenthèses, des mots.

– On parle souvent de votre intégrité.

– C'est ma plus grande richesse. J'en suis très fière.

– Est-ce que ça coûte un bras ?

– Ça coûte surtout des salaires. J'ai pas d'argent. J'suis riche de mes rencontres. Mon banquier, ça lui suffit pas. J'dépense mon argent dans des conneries. Comme c'est des petites productions, je l'dépense dans de petites conneries.

– Si vous pouviez changer, devenir la reine des faux-semblants…

– J'aimerais bien de temps en temps. Juste deux mois… J'ai pas réussi. J'aurais l'impression de me prostituer. La seule chose qui compte, c'est ce que je pense de mon intégrité, de ma sincérité.

Rimbaud en solde

Rimbaud, donc, mais Rimbaud en solde, revenant d'Aden et d'ailleurs pour commenter son aventure, n'importe où, parce qu'il le faut bien : Rimbaud a un film à vendre, comme tout le monde. Il vit à l'âge où Narcisse ne se reflète plus dans une mare, mais sur les ondes. « *La seule chose qui compte, c'est ce que je pense de mon intégrité, de ma sincérité* » : Rimbaud bavard, malgré lui, malgré elle. C'est ça, les médias : un endroit où l'on doit faire un numéro, et de la psychologie avec. Capitainerie du port pour bateaux ivres, mais d'eux-mêmes.

À Clark, Dalle répète ce qu'elle a toujours dit, d'émissions en journaux. Elle ne se souvient plus des rôles qu'elle a joués, parce qu'elle s'en fout, mais si on lui passe une bande-son, elle s'en souvient aussitôt. D'ailleurs, elle se souvient de tout : à commencer par les vieilles armoires du Perche ou de Normandie, sur quoi elle a tout appris en regardant les JT de Jean-Pierre Pernaut. Si elle a refusé de jouer dans *Pulp Fiction*, c'est parce qu'elle ne parlait pas anglais : « *Les Américains, dans les films, ils disent* fuck *tout le temps. J'leur ai dit d'aller s'faire enculer. J'ai vécu avec un Américain. À la fin de l'histoire, il parlait français, j'parlais toujours pas anglais.* »

On l'écoute, on l'écouterait des heures. Les actrices comme ça devraient à la fois tout le temps disparaître et tout le temps apparaître. La promotion les condamne à la répétition de leurs personnages, non de leurs rôles, mais c'est justement leurs personnages qu'on aime. Finalement, elle a raison : les rôles, on s'en fout.

« *On dit que les Aborigènes vivent dans leur rêve. Moi, j'vis dans la musique.* »

Et en elle-même, dans l'idée sourde qu'elle se fait d'un personnage qui s'appelle Béatrice Dalle.

28 décembre 2011

Bûches de Noël

Première bûche : la tête de Gégé. Gégé a 65 ans, il est « gérant d'un parc animalier dans l'Eure ». Un coup de Google nous apprend qu'il en existe deux, l'un consacré aux chats de race, l'autre aux rapaces. Gégé n'est ni un félin, ni un aigle. C'est un petit barbu aux cheveux gris, au visage rond et rouge et au gros nez rouge. Ses yeux sont injectés de chagrin, de fatigue ou d'alcool, de solitude en tout cas. Il a quelque chose de comique et de rétréci. Il est trop complaisant pour faire pitié : le malheur ne rend ni généreux, ni aimable. Beaucoup regardent TF1 pour l'oublier : ils préfèrent croire que la souffrance élève le cœur. Gégé ne s'élève pas. C'est une gueule médiévale sans grandeur, sans courte vie, sans cathédrale et sans Rabelais. C'est le bonhomme Bruegel au pays de « Koh-Lanta ».

L'émission de TF1 a dix ans. Ce 16 décembre, la finale 2011 a eu lieu sur l'archipel indonésien des Raja Ampat, près de la Nouvelle-Guinée. Un grand barbu l'a remportée : Gérard (ne pas confondre avec Gégé). Très « mono » sûr de lui, Gérard faisait office de Robinson.

Avec l'aide efficace, condescendante et raciste des autres petits Blancs de la tribu, il a éliminé son Vendredi, Teheiura, qu'il avait choisi pour finaliste. Polynésien, âgé de 33 ans et cuisinier, Teheiura incarne l'indigène élégant, noble, ferme et cool, celui que tout le monde aime... et qui ne gagne pas à la fin. Il trimballe un doudou qui lui rappelle sa fille. Les téléspectateurs sont de son côté, ils pleurent quand il perd. Ils se sentent bons, ouverts, généreux. Leur donner ce supplément d'âme est le rôle de Vendredi. Plus tard, Teheiura a dit : *« J'avais tout pour gagner, mais je n'avais pas la bonne couleur. »* La France est un pays où pas mal d'habitants ont tout pour gagner, sauf la bonne couleur, et TF1 connaît la France.

Gégé, lui, a perdu depuis longtemps. Il revient s'apitoyer sur son sort et célébrer l'émission. Il a été le souffre-douleur vite dégagé par les autres, lesquels ont été dégagés à leur tour. Mais « Koh-Lanta », dit-il, reste *« le plus grand moment »* de sa vie. On le regarde, ses yeux mouillent, on imagine : que peut bien être une vie dont le plus grand moment est d'avoir participé à « Koh-Lanta » ? Pour s'en faire méchamment exclure ? Que sont les autres moments de cette vie, ceux qui ne sont pas les plus grands, tous les autres ? Qu'est-ce qui fait l'adrénaline d'une vie sans adrénaline ? Comment circulent ses rêves, sa méchanceté ?

La vieille fille

Il y a longtemps, des romanciers catholiques imaginaient ce genre de vies. C'était leur spécialité : ils voyaient comme personne la vieille fille qui persiste et résiste en chacun de nous. Celle qui nettoie les meubles dix fois par jour et qui s'y cogne. Celle qui guette ses voisins, ses cousins, ses économies. Celle qui ferme le beurrier et serre la mâchoire en attendant, furieuse et paniquée, la montée du soir. Celle qui nourrit le chat et se rêve rapace. Celle qui s'éteint devant le sapin. Celle qui finit, comme Gégé, à « Koh-Lanta ».

Seconde bûche : une heure plus tôt, les trois derniers candidats passent l'ultime épreuve avant la finale. Ils sont debout, chacun sur un poteau dans l'eau, sous le soleil, comme saint Siméon le Stylite vivant sur sa colonne, comme des pétrels ou des cormorans. Un réservoir d'eau, fixé dans le dos, leur permet de s'hydrater à l'aide d'un tuyau. Peu à peu, ils enlèvent des bouts de plateforme des poteaux. Celui qui ne tombe pas a gagné. La caméra les saisit en plans larges, en gros plans. On les regarde en buvant une bière : « Koh-Lanta », c'est « Kro-Lanta ». Laurent, un mannequin de 29 ans immature et idiot, tombe le premier et dit le cul dans l'eau : *« Quand je suis tombé, j'ai pensé à ma mère. »* Avant de choir à son tour, Teheiura perd le doudou de sa fille. La peluche s'éloigne dans l'eau, comme une fleur, comme une merde, suivie par la caméra. Teheiura ne saute pas pour la récupérer : il sacrifie sa fille à l'épreuve. Celle-ci a duré des heures. Elle n'est malheureusement pas diffusée en temps réel : elle aurait mis l'éternité dans l'imbécillité. Car l'aventure, ici, c'est la bêtise des autres.

18 janvier 2012

Le riant bourreau

Duch a soixante-neuf ans, un visage fin et creusé, quelques chicots et quatre doigts à la main gauche qui, ayant l'air d'un crustacé ou d'une souche, le rapproche des milliers d'os qu'il a contribué à entasser. C'était le tortionnaire en chef de la prison cambodgienne S-21, où, de 1975 à 1979, périrent au minimum 12 380 personnes que les Khmers rouges ne qualifièrent jamais d'êtres humains. On leur faisait avaler des cuillers de merde, on les battait, on leur enfonçait des bâtons ici ou là, puis, quand ils avaient dit ce qu'on voulait qu'ils disent, on les tuait.

En 2010, Duch a été condamné à trente-cinq ans de prison. Il parle clairement, dans une langue belle et précise, de ses actes et de son destin. La caméra de Rithy Panh le filme dans sa prison, parfois en plan moyen, souvent en gros plan[1]. Elle cherche à saisir ce qu'il y a derrière ce visage, quelle est la vérité d'un homme qui a administré la torture et la mort à tant d'autres. Bien entendu, elle n'y arrive pas. Un homme comme Duch est au-delà de toute transparence et, probablement, de

1. France 3, 9 janvier, 23 heures.

tout remords. Son visage a un charme qui ne dégage ni demande ni vérité.

On y sent vivre une intelligence immédiate, aux abois, discrètement hautaine, qui luit au fond des yeux. Une fois de plus, Hannah Arendt avait tort. Il n'y a pas de banalité du mal. Il y a une présence du mal, mais ceux qui l'appliquent à fond n'ont rien de banal. L'approche et l'exercice du mal les transforment, les rendent exceptionnels. Le réalisateur montre à Duch les films d'anciens tueurs à sa solde. Ils expliquent qu'il savait, participait. La caméra est un peu derrière Duch regardant ces films qui le dénoncent, presque collée à lui, comme un criquet sur l'épaule. Puis, de face, on voit sa réaction. Il éclate de rire, c'est comme un geste pour chasser le criquet, et il dit : *« Je ne peux pas écouter ça... »* On sent un léger mépris.

Le loup chrétien

Dans *L'Élimination* (Grasset), écrit avec Christophe Bataille et publié parallèlement au documentaire, Rithy Panh revient sur ce rire : *« Oui, ce diable rit de ce qu'il appelle les "mensonges" des autres – les interrogateurs et gardiens qui, eux, reconnaissent la torture. Il rit comme un enfant. »* Comme un enfant ? Non. C'est un rire sauvage, fringant, dégoûté, mystérieux. Là où Duch est allé, nous n'irons pas. Et ce rire, entre autres, nous barre la route. Au-delà, il y a le mot de Kurtz dans Au cœur des ténèbres : *« L'horreur... »* Duch est un homme et il y a des choses obscures dont l'homme ne revient pas.

Si les gardiens racontent et miment leurs actes, c'est parce que Rithy Panh leur fait jouer une pièce de théâtre où ces gestes servent de catharsis – comme Claude Lanzmann le faisait avec le coiffeur juif d'un *Sonderkommando* dans *Shoah*. Duch, brillant élève à l'école, brillant révolutionnaire, brillant apparatchik de la mort, ne mange pas de ce pain-là. De temps à autre, il dit une phrase ou un vers en français, avec cet accent khmer qui les rend presque inaudibles. Les imbéciles semblent aujourd'hui horrifiés, parce qu'il récite en souriant la fin de *La Mort du loup*, de Vigny : « *Gémir, pleurer, prier est également lâche./Fais énergiquement ta longue et lourde tâche/Dans la voie où le Sort a voulu t'appeler,/Puis, après, comme moi, souffre et meurs sans parler.* » Ils ne lisent jamais de poésie, c'est pourquoi ils la croient faite pour les belles âmes. Duch, lui, donne l'explication de texte : « *Je ne suis pas sadique, mais stoïque.* » C'est ainsi que Vigny aimait se représenter, en particulier dans *La Mort du loup* (« *Jusqu'à ce haut degré de stoïque fierté/Où, naissant dans les bois, j'ai tout d'abord monté.* »). Il y a du narcissisme, et comme une coquetterie, dans l'expression du riant bourreau. Et, répétons-le, une absence de remords : le loup solitaire, plein d'honneur et de courage, mourant face à ses ennemis, c'est lui ! On le voit alors prier et dire, avec son orgueil ciselé : « *Le jour où on me pardonnera, je me prosternerai pour remercier. Si on ne me pardonne pas, restons-en là, en attendant la fin de la vie.* » La religion permet également de ne se sentir coupable de rien.

15 février 2012

La valeur du froid

Le froid est comme une odeur de frite collée à la laine du manteau. Vous rentrez chez vous pour y échapper, mais, à peine la télé est-elle allumée qu'il est là, diffusant son haleine dans la pièce entière. On dit souvent de l'écran domestique qu'il est un second feu de cheminée, il faudrait ajouter qu'il n'est pas là pour réchauffer. Sa première fonction est de liquider par une peur impuissante ce qui reste d'autonomie en l'homme, dès lors qu'il est assis dans un canapé acheté à crédit et ne pouvant être remboursé : il faut être assis sur ses coussins de dettes pour bien éprouver la nature d'un JT. La seconde fonction est naturellement de divertir avec le malheur des autres. Un moi sans leur misère est un téléspectateur de moins. Ainsi l'écran retrouve-t-il l'antique et médiévale fonction du feu de cheminée : se réunir autour des flammes pour échapper aux horreurs du jour, de la nuit, en racontant de vieilles histoires de loups et de fantômes. Le froid réveille les loups, les époques sans électricité ni chauffage, la nuit au Moyen Âge. Il réveille aussi cette horreur que l'univers entier nous envie : la Russie.

Chaque soir, il fait donc l'ouverture des JT. Prenons, au hasard, celui d'un milieu de semaine sur France 2 (mais ce pourrait être TF1) : mercredi 8 février. Ce soir-là, nous dit un Pujadas souriant, le froid, tel un concurrent bienheureux de jeu télévisé, entame sa deuxième semaine. Le sourire du présentateur n'est pas qu'une marque ordinaire du contrat de convivialité. Il signifie que, si le sujet est important, s'il nous enveloppe depuis six jours, il ne faudrait tout de même pas le prendre trop au sérieux. Dans ce sourire, les principes de confort et de familiarité luttent avec le principe d'angoisse. Sa suavité endort la contradiction : ceux qui ont assez d'électricité et de chauffage pour allumer et fixer la télé regardent les aventures de ceux qui n'en ont plus, comme s'il s'agissait d'eux.

Noirceur de l'épinard

La première raison de faire entrer le froid, la principale, est habituelle : la beauté des images attendues. Rien de tel qu'une rivière gelée, un champ couvert de neige ou des forêts givrées pour réveiller la carte postale ou le skieur qui est en vous. C'est Noël en février. La guirlande vous déplace dans le temps : « *Ah !* s'exclame un vieux, *j'ai pas vu ça depuis 62...* » Elle vous déplace aussi dans l'espace : le canal Saint-Martin, ce lieu tranquille où palpitent les bobos, *« a des allures de Scandinavie »*. En Corse, Colomba pleure sous la neige, comme si, pour se plumer sa vengeance, elle devait vivre « en Sibérie ».

Le chromo est installé, il faut maintenant vous ramener à la « réalité » idéologique du moment, les chiffres, la dette, l'économie de guerre : *« Des canaux gelés, c'est une économie à l'arrêt. »* Le temps du froid est un temps grec. Dans une usine PSA de Montbéliard, des ouvriers lèvent le pied, parce qu'il fait 11 °C : on les comprend, mais la production faiblit. Dans les champs, les légumes gèlent. Un cultivateur brandit un épinard : *« Les épinards givrés, si on les cueille, ils deviennent tout noirs. On cueille pas les légumes quand ils sont gelés ! »* Le froid noircit la verdure comme il noircit l'orteil du randonneur gelé. En serre, il faut pousser le chauffage. Les prix augmentent, la dette avec. Usines, endives, poireaux, choux-fleurs, le froid coûte cher. Nous n'avons plus les moyens de nous le payer. C'est *« le désarroi français face aux rigueurs de l'hiver »*.

Après l'injection d'angoisse, le coton de sourire : les touristes russes et canadiens rigolent. *« Chez nous, dit un Québécois, c'est la canicule qui est un sujet d'actualité ! »* Deux Slaves bourrés viennent de marcher pendant cinq heures dans Paris, se réchauffant avec du whisky et du café. Français, le froid vous inquiète, vous affaiblit, vous endette, mais ne vous plaignez pas, vous êtes des privilégiés. Il est temps d'avoir une pensée pour les SDF : ceux qui leur offrent du café, des repas, tous les individus charitables. Le JT s'achève sur les tempêtes en Europe de l'Est. Vous devriez vous estimer heureux de n'être ni bulgare ni roumain. Le froid est comme une dette qui vous colle à la peau.

25 juillet 2012

L'HOMME AU PIED D'OR

Zlatan Ibrahimovic, footballeur suédois d'origine yougoslave – il est né à Malmö en 1981 de parents croate et bosniaque, la Yougoslavie existait encore, la gauche en France s'en prenait au « mur de l'argent » et l'Europe des Neuf n'était pas fauchée –, donne une conférence de presse pour célébrer son arrivée au PSG. Elle est retransmise un après-midi, en direct sur i>télé (18 juillet). Deux virgules noires de Nike, au second plan, entourent sa bonne grosse tête balkanique comme une pince un morceau de sucre, comme les guillemets d'une citation financière dont il est l'unique objet : 14 millions d'euros par an, c'est le prix du transfert.

La presse évoque cette somme avec un frisson de papier froissé, oscillant entre l'admiration (pour le pouvoir, l'argent) et l'indignation (morale, sans lendemain). Plusieurs ministres ont émis des protestations cosmétiques. Parmi eux, Najat Vallaud-Belkacem, qu'on appellera NVB, parle d'un contrat qui *« choque de nombreux Français »*. NVB a l'art de dire ce qu'il faut, quand il faut, et qui ne sert à rien. Elle incarne en beauté la langue politique telle qu'elle est devenue : un outil soyeux de satisfaction ou de protestation morale, coup de pied dans le vide ou caresse de l'infirmière sur la face du mourant. Ce joli néant rappelle une phrase de Coluche : *« Retiens-moi ou je fais un malheur... Et surtout, ne me lâche pas ! »*

La langue politique est désormais une langue d'après la bataille, tellement inerte, tellement palliative, qu'on devrait, pour la penser, inventer une nouvelle grammaire. Dans cette grammaire, les mots seraient ballonnés, comme après des siècles de repas trop riches. Ils sortiraient de table en boitant, en pétant, dégrisés par la fatigue et l'heure tardive. Ils n'auraient qu'une efficacité réduite, à court terme, d'avant la nuit. Les verbes, impotents, seraient gonflés par leurs adjectifs, leurs adverbes, leurs limites. Ils feraient l'objet d'un diagnostic sémantique, comme les réflexes d'un malade à l'hôpital : symptômes d'une maladie, d'une impuissance, d'une mort peut-être. On les regarderait flotter une dernière fois dans la situation comme des ballons dans l'air, comme le sourire de NVB dans l'image. Najat signifie en arabe, je crois, sauvée. NVB s'envole sur son élégante montgolfière gonflée par ses sourires, lâchant du lest, sauvée des conséquences de ses discours.

Mona Lisa

Un journaliste demande si Ibrahimovic n'est pas payé trop cher. À côté de lui, le Qatari président du club, Nasser Al-Khelaïfi, répond que les fans ont de quoi être heureux. Plus loin, l'accent du directeur sportif du club, le Brésilien Leonardo, met quelque chaleur et fantaisie dans ce grand moment de cash-flow mondialisé. « *Moi en Mona Lisa ?* s'amuse le joueur. *Mon agent aime bien se faire remarquer...* » La Joconde fait partie des œuvres sans prix qui ne bougent plus. Peut-être y aura-t-il bientôt des joueurs qui ne bougeront plus. Aucune assurance ne voudra assurer leur transfert. Ils ne joueront qu'à domicile et des Japonais les photographieront, en groupe, très vite, comme on oublie.

Le joueur parle en souriant, et les informations du jour défilent sous lui, dans le bandeau noir. Le ministre de la Défense a été tué dans l'attentat de Damas. Le ministre de l'Intérieur a été blessé dans l'attentat de Damas. Le beau-frère du président syrien a été tué dans l'attentat de Damas. Le régime syrien est déterminé à « *nettoyer* » le pays des terroristes. « *Ce club appartient à l'avenir,* dit Ibrahimovic. *Quand je partirai, je penserai à ce que je laisse derrière moi.* » Sur le bandeau, « *Le Président apporte son soutien aux "soins palliatifs"* » est suivi *par « Le gouvernement promet des mesures pour éviter la "casse sociale"* ». Les chômeurs sont des malades en phase terminale. « *Une fillette de 6 ans a été tuée à l'arme blanche, sa mère blessée* », « *Un prêtre soupçonné de pédophilie dans le Nord* », comme si celui-ci était l'agresseur de celles-là. On apprend que, d'après le FMI, « *la crise pose des questions "sur la pérennité de la zone euro"* », et, au-dessus, Ibrahimovic conclut : « *Je suis venu pour faire l'Histoire.* »

1er août 2012

La voix sans maître

Picasso détestait parler devant un micro, une caméra. Il ne voulait pas qu'on l'enregistre. Il n'aimait pas s'exprimer sur son travail, et encore moins devant une machine. Né en 1881, il vient d'une époque où l'homme qui parle s'adresse directement, exclusivement, à ceux qui sont devant lui. Ses œuvres sont à tous. Sa parole est une lampe à pétrole, qui n'éclaire que les quelques mètres autour d'elle. Picasso n'aime pas crier sur les toits, sur les ondes, ce que l'une de ses femmes appelle son *« accent semi-espagnol inimitable ».*

Il craint de n'être pas compris par les autres, par la foule des imbéciles qui sont nés quelque part, sauf devant lui, et qui sont prêts comme aujourd'hui à penser n'importe quoi du peu qu'ils entendent. Il craint la parole aveugle, aveuglément bavarde, lancée dans l'air comme un poids dans la forêt. Il y a quelque chose de divin dans ce refus d'être enregistré : *« Qu'on lui vole ses propos,* dit l'historien Pierre Daix, *cela il ne le voulait pas. »* À raison : le voleur, le créateur, c'est lui. C'est pourquoi les archives exhumées par France Culture méritent l'écoute[1] : on entend la voix du monstre, et, du même coup, on la découvre. On entre dans une grotte sonore rare, primitive, presque inconnue.

Le 28 octobre 1961, on fête à Vallauris, dans les Alpes-Maritimes, les quatre-vingts ans de l'artiste. Une foule est rassemblée. Des radios, des télés sont là. Un reporter demande à Picasso : « *Est-ce que vous vous attendiez à une telle popularité ?* » Il répond avec une joie féroce et indifférente, roulant les r, rugueux et solaire, diaboliquement amusé : « *Non, j'ai été sourpris. Et pourtant, j'ai toujours senti, n'est-ce pas, une espèce d'amitié, d'amour, je sais pas, dé quelque chose entre nous tous, n'est-ce pas, que je porte toujours... comme j'aime... je disais ça tout à l'heure à... je ne sais pas, quelqu'un qui est venu comme vous avec un instrument comme ça... je lui ai dit : moi je ne pense qu'à l'amour, je ne fais qué aimer, n'est-ce pas... J'aime tout le monde, je disais, y aurait plus de monde dans la terre, eh bien j'aimerais je sais pas quoi, une plante, un bouton de porte, n'importe quoi...* »

Picasso, Barbe-Bleue

L'amour, selon Picasso, ce n'est ni la compassion ni la morale. Ce n'est pas du tout chrétien. C'est païen : un appétit perpétuel, panthéiste, sauvage, pour tout ce qui existe, hommes, bêtes et boutons de porte. À l'une de ses femmes, Marie-Thérèse Walter, il dit : « *Je ne*

1. « Les Grandes Traversées » : « Picasso, l'œil du Minotaure ». Du 23 au 27 juillet, 9 h 10.

peins que ce que j'aime. » Le jour où elle voit apparaître une autre femme dans ses tableaux, elle comprend qu'il ne l'aime plus. Dans son *Bloc-notes* de novembre 1961, François Mauriac revient sur la réponse de Picasso faite au reporter : « *Il lui disait à peu près :* "Vous aimez, n'est-ce pas, vous aussi, tous ces hommes qui vous acclament ?" *Et Picasso de répondre :* "Oui, je les aime. J'aime aussi les boutons de porte." *Je crois même qu'il a grommelé :* "Et les pots de chambre..." *Cela n'était pas dit seulement à ce confrère tout tremblant de tendresse collective, au cours d'une longue frairie en l'honneur des quatre-vingts ans du vieux monstre, mais à des millions de téléspectateurs. C'est le serpent, c'est la pierre donnée à l'enfant qui demande du pain ; cette dérision qui glace le rire sur les lèvres humaines...* » Mauriac est chrétien : rien n'indique mieux que sa réaction l'admiration horrifiée que Picasso inspire si souvent. L'amour de l'artiste n'est ni aimable ni charitable. Il n'a rien demandé. Il prend, il donne, il aime à mort. Picasso, c'est Barbe-Bleue.

Plus tard, une journaliste lui demande : « *Que pensez-vous des femmes ?* » Il rit en répondant : « *Ce que je pense des femmes ? J'ai quatre enfants. Avec ce que je viens de dire, débrouillez-vous !* » Dans un formidable entretien de 1971, Marie-Thérèse Walter nous aide à nous débrouiller. Il y a longtemps qu'ils sont séparés. Elle dit : « *Il aurait voulu avoir un château avec toutes ses femmes, comme les Arabes. Il le disait, le pauvre : vous comprenez, je ne peux pas toutes les tuer !* » Et elle éclate de rire. Quatre ans après la mort du peintre, elle se pendra.

31 octobre 2012

Bambino et le psy

« Elle parlait peu, elle était très concentrée sur elle-même. Elle était dans une quête intérieure. C'était une personne très déprimée. Sa vie ne lui apportait rien, en fin de compte... » « C'est surtout quand elle se retrouvait en tête à tête avec elle-même que là, il y avait le vide... qui apparaissait... » « Elle a dû se sentir mal-aimée et elle n'a pas réussi à combler ça... » « Elle savait bien qu'elle avait un manque de ce côté-là. Un manque de la relation au père... » « Ce qu'elle cherchait, au fond, c'était toujours la même chose : c'était la petite fille qui cherche l'amour... » Je prends en route ces phrases ineptes, un soir, par hasard, vers 23 heures[1], sans savoir encore de qui elles traitent. Je les sens, les flaire : parfum bon marché – tout le purin de la mélodie psychologique. Un lit de guimauve musicale les accompagne, du piano par moments assaisonné de violon.

Il y a un homme, une femme. Ils sont assis et saisis en plan fixe, dans la position habituelle du tronc-qui-témoigne. L'homme est le psy, c'est de sa cliente qu'il parle. Cette cliente s'est tuée voilà vingt-cinq ans. Elle

1. France 2, « Un jour, un destin », 24 octobre.

n'est plus là pour se relever du divan, lui mettre un gnon et sortir. La femme était amie de la morte : les amis devraient avoir assez de tact pour ne pas survivre à ceux qu'ils ont cru connaître. Comme la plupart des témoins qui précèdent ou qui vont suivre, ceux-là sont vieux, luisants, affreux : des fantômes saturés de graisse, de maquillage, de lifting, de bijoux, de perruques, de lunettes colorées ; pâtisseries qui ont fondu trop longtemps dans toutes sortes de banquets. Ils ont vécu à l'ombre d'une célébrité. Ils sont devenus les ruines de leurs propres souvenirs. Celle qui les réveille, c'est Dalida.

Cléopâtre Fellini

Les célébrités du show-biz meurent trois fois : quand elles disparaissent, quand on les oublie, quand des momies racontent leur vie. Leur tombeau pharaonique et musqué est encombré par toutes sortes de trésors, de phrases, d'images, de sarcophages, de grimaces, de personnages embaumés. Parfois, comme ce soir, on y trouve même Omar Sharif. Le tout finit par ressembler, télé aidant, à une émission imaginée par Fellini : le véritable enfer ne commence, au fond, qu'après la mort. Dans le cas de Dalida, égyptienne et italienne, il semble avoir débuté plus tôt. Ses chansons et sa silhouette sont là pour nous rappeler qu'elle valait mieux que cette dérive posthume, mi-Cléopâtre, mi-Berlusconi.

La voici qui retourne au Caire, pour un documentaire, dans les années 1970, vers la maison de son enfance. Son frère, Orlando Gigliotti, vieux nourrisson crémeux à moumoute rousse et lunettes fumées violettes, a fait poser une plaque de cuivre la veille de son arrivée : *« Ici est née Gigliotti Yolanda, dite Dalida, chanteuse de variétés. »* Il savait qu'on allait la filmer. Peut-être voulait-il lui faire plaisir, peut-être voulait-il voir sa réaction : la star est entourée d'infirmiers tour à tour bienveillants, intéressés et sadiques. Ils arrachent une patte à la grande et lumineuse sauterelle, ils regardent comment ça fait, puis ils ressoudent, soignent, consolent. Ils célèbrent sa majesté des mouches, l'arme au poing et larme à l'œil.

Dalida n'est pas filmée lorsqu'elle découvre cette plaque. Le chef opérateur se souvient qu'elle s'indigne : *« Qu'est-ce que ça veut dire ? Je ne suis pas encore morte ! Où est la plaque de mon père ? »* Son père était violon solo dans l'orchestre du Caire. Il était connu. Il lui arrivait de cogner sur sa fille. Sa mort rapide, d'une congestion cérébrale, semble avoir privé Dalida de colère, de réconciliation, d'oubli. *« En voyant cette plaque,* dit un ami, *elle a eu l'impression de prendre la place de son père. »* Vulgate de divan, toujours. Dalida monte l'escalier du vieil immeuble sale où elle a passé son enfance. Elle porte une robe bleue à fleurs blanches. La caméra la précède et la prend de haut. Soudain, elle s'arrête et se met à pleurer, sans l'avoir voulu, sans se cacher. Et son corps mince et ses longs cheveux lui donnent, dans cet escalier miteux, dans cette robe toute simple, un statut d'apparition.

7 novembre 2012

Ouragan sur l'Olympe

Anna Karénine débute par une phrase célèbre : « *Toutes les familles heureuses se ressemblent, mais chaque famille malheureuse l'est à sa façon.* » C'est le genre de phrase que vous avez déjà entendue, et même cru comprendre, sans l'avoir forcément lue. Si vous la croisez dans la rue, vous lui direz volontiers comme à un demi-sel de la gloire télévisée : « Mais je te reconnais, toi, tu es… Comment tu t'appelles, déjà… T'es vraiment sympa, t'as une bonne tête… Comment s'appelle l'émission où tu passes… C'est chez Ruquier, c'est ça ? En tout cas, bravo et continue comme ça ! » Puis vous demanderez à être pris en photo avec elle, on ne sait jamais, il est possible qu'un jour la Karénine soit oubliée et redevienne célèbre grâce à vous. C'est le quart d'heure de promiscuité.

Naturellement, elle accepterait de poser avec vous. Même les phrases de Tolstoï ont besoin d'un public d'imbéciles pour respirer, pour vivre. Toutes les célébrités heureuses se ressemblent, au moins sur la photo, mais chaque célébrité malheureuse l'est à sa façon, autrement dit hors champ. Son malheur vient souvent de l'oubli, qui est un enfer particulier. C'est dans l'ombre et le silence que les phrases et les hommes vivent des vies distinctes, égarées, individuelles, approfondies par l'obscurité qui les entoure. C'est ici que tout le monde descend et c'est en descendant que chacun se détache, comme un fruit. Le bonheur ne mûrit pas ; le malheur, si.

L'ouragan Sandy est plus sélectif que la phrase de Tolstoï. Il veut bien être photographié ou filmé dans la rue avec des imbéciles, vous, moi, mais uniquement s'ils sont américains. Ce n'est pas nouveau, c'est logique : tous les pays heureux se ressemblent, même quand ils ne le sont plus, et tous voudraient ressembler aux États-Unis, c'est pourquoi leur malheur devient celui de New York. Rilke écrivait de Paris, il y a un siècle : *« C'est donc ici que les hommes viennent pour vivre ? »* Depuis soixante ans, New York relaie la question. Quoi de plus intéressant qu'un ouragan tombant sur la ville où les hommes continuent d'aller pour vivre ? Tempête sur l'Olympe ? Manhattan sans eau ni électricité ? Wall Street allant à pince, comme un pouilleux des rues de La Havane ? Ce n'est pas tous les jours qu'on peut filmer un caprice du destin.

Plaignons les riches

Sur cette planète, au bout du compte, ce sont les riches qu'on plaint, parce qu'on voudrait leur ressembler. Sur les autres, j'imagine qu'on ne plaint personne, puisqu'il n'y a que des pierres et du gaz. Chez nous, le phénomène s'accentue. Les riches financent, gaspillent et signent toujours plus nos rêves, nos fantasmes. Ils sont notre perspective de confort, ils bouchent l'épargne et l'horizon, les clés de Saint-Pierre tintent dans leurs invisibles mains gantées, invisibles comme celle du marché : ils sont l'avenir que tout le monde craint et veut. C'est pourquoi Sandy – cet ouragan ou un autre – n'est intéressant pour les médias que lorsqu'il touche l'Amérique, et plus précisément New York. Certes, il y a des pauvres, à New York, on a même compris qu'ils récupéreraient l'eau et la lumière bien après les autres. Mais New York, pour le reste du monde, est moins la ville des pauvres que celle où l'on a une chance de ne plus l'être.

Des tas de sites d'internautes, de type « Père Duchesne » ou « l'Ami du peuple », s'indignent naturellement une fois encore, une fois de plus, du « deux poids deux mesures » médiatique. La plupart des internautes passent leur temps à rejouer 1793 sous vide et en chambre, dans le désert de tuyaux surchauffés, alimentant leurs acouphènes, le brouhaha des fureurs onanistes et, avant tout, les comptes de Google. La blogosphère, c'est Tolstoï à l'envers : ce ne sont plus les familles heureuses, mais les individus malheureux qui se ressemblent. Ils crient : « Et pourquoi on montre si peu d'images de Sandy en Haïti ? Et pourquoi on montre si peu d'images de Sandy à Cuba ? » La réponse est simple, camarades : ni Haïti ni Cuba ne font rêver personne. Là-bas, Sandy est un désastre, et autrement grave qu'en Amérique. Mais ce n'est pas une surprise. L'ouragan, s'il veut qu'on en parle, doit avoir toutes les qualités du destin.

28 novembre 2012

L'ÉCRIVAIN FANTÔME

Aux heures de grande écoute, à la Une des journaux, il n'est plus question d'écrivains. C'est vrai en France. C'est encore plus vrai aux États-Unis. Là-bas, l'homme qui écrit de véritables livres est toujours plus proche de la roche Tarpéienne – la non-existence sociale, l'oubli – que du Capitole. Il n'a jamais été Chateaubriand, Lamartine, Victor Hugo ni Sartre. L'encre est une ombre. Toujours ? Dans son autobiographie, Salman Rushdie évoque un congrès du PEN Club, en 1986, où il eut l'impression de vivre pour une fois le contraire : « *En ce temps-là, à New York, la littérature paraissait importante et les échanges entre écrivains recevaient un large écho, qui se propageait encore au-delà des limites étroites du monde des livres.* »

Ce congrès, vu depuis 2012, c'est Jurassic Park : il y a Joseph Brodsky, Günter Grass, Amos Oz, Mario Vargas Llosa, Saul Bellow, Raymond Carver, Toni Morrison, William Styron, John Updike, etc. Un affrontement oppose Grass à Bellow. Grass dit que la plupart des écrivains américains tombent un peu trop dans les failles du rêve américain, qu'ils devraient dénoncer davantage. Bellow répond sèchement : « *Nous n'avons pas de mission. Nous n'avons que des inspirations.* » Rushdie conclut aujourd'hui que les écrivains d'alors « *pouvaient encore naturellement revendiquer le rôle de* "législateurs non reconnus du monde", *selon l'expression de Shelley, ils pouvaient considérer la littérature comme le véritable contrepoids du pouvoir* ». Et comme un supplément actif de liberté et de conscience. Cette vision nostalgique est naturellement déterminée par sa propre épreuve. Mais sa perspective est-elle juste ? Le moment politique et culturel des années 1960/1970 où, en Amérique, des écrivains ont eu un pouvoir symbolique, n'a pas été la règle, mais l'exception. À ce congrès, apparemment, Philip Roth n'était pas.

Roth et Rimbaud

Le 17 novembre dernier, l'auteur de *Patrimoine* a cependant créé ce qui, avec le recul, apparaîtra sans doute comme le seul événement de la semaine passée – plus important que les burlesques querelles de l'UMP ou la sale et récurrente guerre d'Israël contre Gaza. À ce *Journal officiel* qu'est le *New York Times*, après l'avoir déjà dit aux marges de l'empire via *Les Inrockuptibles*, il a annoncé qu'il cessait d'écrire. Il aurait pris sa décision en 2010, après avoir fini son trente et unième livre, *Némésis*, qui vient de paraître chez Gallimard. Roth aura bientôt 80 ans. Il dit : « *Je n'ai plus de résistance à la frustration. Écrire est une frustration – une frustration quotidienne, pour ne pas dire une humiliation. Je n'ai plus la force d'affronter des journées où j'écris cinq pages que je finis par jeter.* »

L'écrivain est un type qui se réveille chaque matin pour découvrir qu'il est changé en écrivain, comme le Samsa de Kafka est transformé en cafard. Il grimpe le mur difficilement, il le dégringole vite : Roth met en scène l'ordinaire douleur d'écrire. L'événement n'est pas dans le fait qu'il décide d'arrêter, mais dans le fait que l'annonce soit un événement pour le *New York Times*. Roth vérifie sa puissance, mais aussi celle de l'acte d'écrire. Et le quotidien américain lui donne, pour un jour, raison.

Arrêtera-t-il vraiment ? Aujourd'hui, un écrivain n'arrête que s'il ne peut plus. Roth cite le cas de Forster, mais Forster ne pouvait publier les romans homosexuels qu'il aurait voulu écrire. Bien sûr, il y a Rimbaud. Mais Rimbaud n'est pas écrivain de profession. Il sent vite qu'il a tutoyé son génie et qu'il est temps de passer à autre chose. Si on remonte au Moyen Âge, à la Renaissance, on trouve des écrivains qui ne le sont, comme lui, que pour témoigner d'une expérience. Quand cette expérience est achevée, puis écrite, ils s'en vont. C'était le temps où les écrivains n'étaient ni romanciers ni « auteurs ». En annonçant qu'il n'écrira plus, Roth nous rappelle aussi, ironiquement ou malgré lui, que la plupart de ceux qui bénéficient aujourd'hui du statut d'écrivain feraient bien, sans attendre son âge, d'en faire autant. Le dernier geste de son dernier livre, *Némésis*, est un lancer de javelot, et le dernier mot, invincible.

28 août 2013

Sainte Bernadette

C'est le 15 août, à l'heure de la sieste. Que faire ? Noyer sa fatigue dans la dépression : regarder « Toute une histoire », sur France 2. Les gens viennent ici vendre leurs bonheurs et leurs peines comme on fait dans les réunions staliniennes ou dans les vide-greniers. Comme c'est l'été, ça rediffuse. Le numéro du jour date du 21 mai. Peu importe. Tout se confond dans la torpeur des rediffusions, comme dans un rêve d'ivrogne.

Sur le plateau, Sophie Davant succède comme elle peut au défunt Delarue. Elle est maigre, Sophie. Elle plisse ses petits yeux, elle a sa petite voix pointue, elle se voûte petitement comme si elle avait froid, elle joue la petite femme sympa. Parfois, un rictus amaigrit encore son visage et une petite lueur méchante passe dans les yeux. La sympathie disparaît comme une bougie qu'on éteint, juste une seconde, soufflée par le diable. Puis elle revient. Thème de l'émission : « La vie commence à cinquante ans ». Avant cinquante ans, c'était quoi ? Un brouillon ? Ce jour-là, justement, Sophie a cinquante ans. Une pyramide multicolore de macarons apparaît sur le plateau, accompagnée par Michèle Cotta. Elle est muette, absente, dans une veste de cuir bleu, comme une mère presque morte. Sophie l'étreint, sèche une larme, a une pensée pour Delarue. Nul ne touche aux macarons.

Voici Bernadette, niçoise, trois enfants, cinquante ans. À quarante-trois, elle s'est séparée. C'est une brune au visage fripé, aux cheveux frisés, aux yeux luisants. Des années sombres ont creusé son visage. Elle porte une robe rouge, une veste noire, des escarpins noirs, un gros pendentif en argent. Ses genoux sont serrés comme ceux d'une écolière, ses mains, nouées l'une à l'autre. Il arrive qu'elle en passe une dans ses mèches, par exemple quand Davant parle du premier baiser avec l'homme qui a retapissé sa cinquantaine : *« À quel endroit ? Sur un parking ? En général, c'est toujours sur un parking... »* Bernadette, gênée : *« Non, non, c'était dans l'escalier, chez moi. »*

Défraîchie ou défraîchir

Sa vie avant, pendant huit ans ? *« Pas une personne n'est rentrée dans ma vie. J'ai évolué seule, célibataire, avec quelques histoires sans... »* Davant : *« Comment vous sentiez-vous dans votre peau, à ce moment-là ? » « Bien. » « Bien ? » « J'apprenais de nouveau mon indépendance, à vivre différemment. »* Elle « évoluait seule », « apprenait son indépendance » : Bernadette parle d'elle-même avec des mots d'école, de publicité, d'entreprise. C'est ce qui la rend proche de n'importe lequel d'entre nous :

la fragilité de son langage nous menace. « *Et physiquement ?* », insiste Davant. « *Physiquement,* dit Bernadette, *je faisais pas trop trop attention à m'apprêter.* » Davant, pas satisfaite : « *Vous avez confié en préparant cette émission que vous vous sentiez vieille et moche.* » Bernadette redresse sa mèche : « *Bien sûr. Quand on atteint la cinquantaine, on se voit défraîchir…* » Elle ne dit pas : on se voit défraîchie, mais défraîchir. Vieillir est un processus que l'on voit agir sur soi.

Maintenant, le conte de fées. C'était il y a sept mois. « *J'ai rencontré Terry. À une terrasse de café. Je discutais avec une amie quand Terry s'est installé à côté de nous. C'était un client, nous aussi. Il nous a regardées échanger les photos, les textos, et il s'est faufilé dans notre conversation.* » Aucun homme ne « rentrait » dans sa vie. Terry s'est « faufilé » dans sa conversation. C'est un gros Anglais de soixante-six ans, apparemment débonnaire. Il parle mal français. Davant : « *Et qu'est-ce qu'il s'est passé ?* » Bernadette : « *Plein de choses. On s'est découverts. On a découvert nos passions communes. Il y en a beaucoup.* » « *Quel genre ?* » « *L'aventure, la littérature, la sculpture.* » Ça rime riche. Le 12 octobre, ils vont se marier. Mais ni couture ni friture : « *Les conditions, elles ont été mises avant. Je lui ai montré tout l'équipement électroménager ! Nous sommes ensemble pour le bonheur, le plaisir.* » Arrive la mélodie du bonheur : « *Avec Terry, c'est magique. C'est un amour qui ne s'explique pas. C'est une fusion. Dans notre quartier, on nous appelle les amoureux. Terry, il m'a redonné ma jeunesse, un lifting. C'est un boost. Je suis libre, heureuse. Je me suis détachée de mon cercle de maman.* »

29 octobre 2014

Bradlee, post restant

Le 21 octobre, Ben Bradlee est mort chez lui, à Washington. Il avait 93 ans. De 1965 à 1991, il a dirigé le *Washington Post.* L'homme qui a soutenu contre le pouvoir de Nixon ses reporters, ceux qui ont mis à nu les hommes du président, c'est lui. Il croyait férocement en la presse. Lorsqu'il neige, les routes ont besoin de chasse-neige : il pensait que lorsqu'il pleut des mensonges politiques et financiers – et il en pleut sans cesse – la société a besoin de chasse-mensonges. Ou devrait en avoir besoin. Bradlee supportait mal les turpitudes et la médiocrité de ceux qui s'estiment dignes d'être élus. Qu'aurait-il pensé des magouilles de Bygmalion, de la perpétuité corrompue de Balkany, de la double vie politique et bancaire d'un Cahuzac ? On s'en doute. Mais une société malade comme la nôtre ne peut produire de journaux à la fois libres, puissants, stylés et décents. Des journaux élevés par la recherche des faits, supérieurs par principe aux fautes qu'il leur arrive de commettre, et qui ne tombent pas dans la vaniteuse névrose de l'héroïsme investigateur.

Il manque toujours quelque chose et c'est aujourd'hui un mort qui l'incarne.

Bradlee était l'ami intime de Kennedy, qui fut peut-être sa meilleure source : on le lui a reproché. Il a répondu que cette intimité ne l'avait pas soumis. Peut-on être proche du pouvoir quand on exerce le quatrième pouvoir ? Question vieille comme la tarte à la crème et le monde de la presse. À l'ère de Bradlee, ce fut possible : les grands journaux américains étaient assez forts et appréciés pour ne pas être systématiquement soupçonnés du pire par ceux qui les lisaient. Ce sont les gens faibles qui craignent de fréquenter le pouvoir, les paranoïaques qui voient des ennemis partout. Ils confondent leur malaise et leur conscience. Leur vertu n'est jamais mise à l'épreuve.

Boomerang pulitzer

Né dans une grande famille de WASP, Bradlee était le cinquante-deuxième des siens à entrer à Harvard depuis 1795. C'était pendant la guerre, qu'il fit dans la Navy, où, dit-on, il apprit à jurer. Entré par hasard au *Washington Post*, il s'y fit vite une place. Un jour, un ancien condisciple de Harvard, qui travaillait pour *Time*, lui apprit que le célèbre hebdomadaire serait bientôt à vendre. Bradlee eut le culot d'appeler le propriétaire du *Post,* Philip Graham, pour lui annoncer la nouvelle et lui recommander d'acheter. Ces couilles lui permirent de devenir, du jour au lendemain, membre du premier cercle du grand quotidien.

Il a commis des erreurs. Il jugeait les gens vite, à l'instinct, il aimait ceux qu'il trouvait drôles. Une histoire « montée » par lui obtint le prix Pulitzer : tout était imaginaire, et la journaliste qu'il avait encouragée, une mythomane. Il réagit en créant, pour la première fois dans la presse, un médiateur chargé d'enquêter sur ce qui avait conduit le journal, donc lui, à une telle faute. Le résultat n'était guère en sa faveur. Il en fut blessé, mais le publia et l'admit. Bien peu de patrons sont capables de penser comme lui : *« Le secret est d'embaucher des gens plus intelligents que soi-même. »* Lire ou relire la biographie de Bradlee, avec ses qualités et ses défauts, c'est comprendre la médiocrité dans laquelle ce grand métier est généralement tombé, particulièrement en France. Répétons-le : toute société a la presse qu'elle mérite.

Si Bradlee a pu communiquer son enthousiasme et laisser faire ce qu'il estimait juste, c'est parce que Katharine Graham, qui succéda comme propriétaire du journal à son mari, le soutint totalement. Ils s'écrivaient des lettres admirables et sans ménagement. Vers la fin, elle lui dit : *« Au cours des années, vous m'avez gâtée et j'espère vous l'avoir bien rendu, en partageant la meilleure, la plus productive et la plus gratifiante équipe au travail que j'ai jamais connue. Et, plus que tout, nous nous sommes amusés. »* Ce ne sont pas les actuels actionnaires de la presse française qui écriraient des choses comme ça. Ils seraient sans doute même incapables de les penser.

7 janvier 2015

Le marquis d'Enthoven

Depuis des années, Raphaël Enthoven est le marquis en dentelles de France Culture[1]. Il n'est plus jeune, mais il y a longtemps qu'il fait vieux. Il aime les professeurs, les « sachant ». Il se méfie de la vulgarité des internautes et des pulsions du peuple. Il a installé à l'antenne une sorte de pouvoir semblable à celui de la Verdurin : il pérore, s'écoute, et ses invités se taisent. Ce petit salon de terreur philosophique est l'un des plus écoutés de la station et son producteur, familier de Bernard-Henri Lévy, très au fait d'Internet, qu'il dénonce, et de ses techniques d'autopromotion.

Le 21 décembre, on y célèbre une fois de plus Tocqueville, noble penseur horrifié par la plèbe de 1848, serpent de mer chevauché par tous les conservateurs libéraux. Enthoven et son invitée, fan de Godard, s'en prennent à un jeune « you-tubeur », cinéphile d'un naturel agressif propre à son âge et à l'époque, dont les critiques sur YouTube ont quelque succès : Durendal. L'une d'elles colle un bon coup de plat d'épée sur le

1. « Le Gai Savoir », tous les dimanches à 16 heures.

cinéaste à propos de son dernier film, *Adieu au langage :* *« C'est amusant,* dit Durendal, *que le personnage principal soit un chien. Parce que, à ce niveau-là, il faut le faire piquer ! Injection létale, ouais ! Cette espèce de vieux con, là, qui essaie de donner des leçons de cinéma à tout le monde, alors qu'il maîtrise même pas son outil... »* Suivent dix-neuf minutes d'explications techniques sauvages.

Durendal pointe par exemple le « mauvais son » : *« Jean-Luc, il adore ça. C'est cool ! Mais des gens qui ont un mauvais son, sur Internet j'en ai entendu des milliards. Tout le monde peut faire ce que fait Godard. Tout le monde peut mal monter, faire un mauvais son,* a priori *c'est pas une recherche. C'est pourtant ce qui l'intéresse, la recherche, ou alors, ce qui l'intéresse, c'est de pas faire comme tout le monde, et alors c'est juste un vieux con. Oui, parce que c'est là que se fait la différence entre lui et moi. J'ai souvent des avis qui vont contre les autres, mais je les donne pas tous, je donne ceux qui sont intéressants. Lui, il s'en fout complètement. »* Voilà : Durendal est un garçon intelligent, incohérent, prétentieux, passionné, vindicatif, irrespectueux : vivant. Il n'a ni tort, ni raison. Il secoue Godard sans précaution, comme le faisaient des étudiants en mai 1968. Le cinéaste avait 37 ans.

Le maquis de Durendal

Chez la rombière Enthoven, les dentiers s'entrechoquent. On parle de *« bave du crapaud »*, d'*« abaissement général dans les âmes »*. *« Juste un mot, quand même,* dit la Patronne, *sur l'abruti dont on vient d'entendre la parole. Il appelle à la mort d'un homme… à l'euthanasie !* » C'était une vanne de gamin au maquis plutôt qu'un appel au meurtre, et Godard en a vu d'autres, mais peu importe : ces gens se prennent au sérieux et défendent la démocratie en danger. Enthoven en profite pour dire qu'il a enseigné à Sciences-Po : « *Figurez-vous qu'on demande aux élèves d'évaluer les profs !* » Comme aux États-Unis, chère grande âme. C'est sans gravité, et ça empêche les profs de tenir leur pouvoir pour acquis. À ces élèves jugeurs, Enthoven a envie de répondre : « *Tais-toi, ta gueule, écrase, apprends à écrire, apprends de ceux qui se penchent sur toi…* » Oui : qui se penchent sur toi. Le numéro est si burlesque, d'une violence si ampoulée, qu'il déchaîne les multiples « followers » de Durendal. La meute déchiquette le Marquis, comme un Suisse à Versailles. Et que croyez-vous qu'il fait ? Il répond en ligne par un article intitulé : « *De quoi Durendal est-il le nom ?* » Pauvre Durendal, devenu symbole fasciste malgré lui !

Ma fonction de critique me l'a rudement appris : l'apparition sur la Toile d'enfants libres et sauvages, souvent haineux et maniaques de leur passion, exaspère le professionnel établi. Elle inquiète sa légitimité, ses habitudes, la nature même de son métier. Il faut pourtant l'accepter, et même s'en réjouir : c'est la vie, la violence spontanée de la vie. La morsure réveille, la révérence éteint : la manière dont Durendal cogne en chambre sur Godard rend mieux hommage au cinéaste que les préciosités indignées d'un Enthoven, perruque au salon.

14 janvier 2015

Des palometas dans le jacuzzi

C'est toujours une expérience d'errer à l'autre bout du monde, dans un endroit que brusquement « l'actualité » éclaire d'un jour insolite : l'événement vous rend important, même si celui que vous vivez n'est jamais tout à fait celui qu'on vous raconte. Pour rendre intéressants ces insectes bizarres et lointains que sont les autres, on en fait généralement des héros, des victimes, des bourreaux, des témoins. Vous êtes par hasard dans l'un de ces endroits dont chacun parle pour une minute ou pour trois jours : vous voilà rangé malgré vous, par le grand miroir déformant planétaire et l'universel bavardage, dans l'une de ces catégories.

J'étais à Rosario, en Argentine, le 26 décembre, jour où une soixantaine de baigneurs furent attaqués par des poissons carnivores le long de la plage dite de la Rambla Catalunya, à quelques kilomètres du centre-ville. Dans les journaux télévisés français ou américains, on parle alors de « milliers » de baigneurs. On doit confondre avec les plages atlantiques de Mar del Plata, surpeuplées en cette période caniculaire. Ici, il n'y a que quelques centaines de plagistes, généralement pauvres. Les autres ont quitté la ville ou se baignent dans des piscines à l'eau non polluée.

Les journaux occidentaux parlent d'une attaque de « piranhas », car ce sont les piranhas que leur public connaît : leurs mœurs carnivores et leurs petites dents aiguës sont, grâce à Tintin, James Bond et aux films amazoniens du commandant Cousteau, internationalement réputées. On montre avec un dégoût ravi la phalange dévorée d'une fillette, les blessures d'un garçon, toutes sortes de pansements sur les plaies du vert paradis du glamour enfantin.

Piranha comestible

Cependant, dans cette partie de l'Amérique latine, la variante du célèbre poisson amazonien est appelée palometa. Elle est nettement moins dangereuse que lui : des attaques comme celles du 26 sont extrêmement rares et mal expliquées. La palometa est par ailleurs comestible lorsqu'elle est assez grande pour qu'on puisse en trier les arêtes. C'est un peu comme avec les hommes : il faudrait pouvoir les agrandir dès qu'on les croise, les faire plus grands qu'ils ne sont, pour bien voir les défauts et les vices qu'on n'avalera pas et qui finiront par nous étouffer. Mais le cœur a si faim qu'il mangerait n'importe quoi.

Le rio Paraná descend des plateaux brésiliens. C'est le troisième bassin fluvial du monde, après l'Amazone et le Mississippi. Quand il arrive à Rosario, sa largeur est de 70 kilomètres. L'autre rive est comme un autre monde. Mais ce n'est pas à proprement parler une rive située de l'autre côté de l'eau : entre elle et Rosario, il y a des îles, des centaines d'îles, qui constituent en réalité un delta. On s'y perd en bateau, comme dans le cœur d'une femme ou d'un homme qu'on aime et qui vous échappe.

C'est très beau et tout à fait mystérieux. Un bras du fleuve distribue plusieurs canaux, qui vont s'amincissant entre saules et nénuphars, pour finir en lagune ou en cul-de-sac – ou pour déboucher, soudain, sur un autre bras du fleuve tout aussi large. C'est le jardin aquatique aux sentiers qui bifurquent.

La palometa appartient à la faune locale, même si elle est plus abondante en amont. Longtemps, elle a été le plat favori de deux animaux : la grue et le yacaré. L'une s'est raréfiée, l'autre a disparu. La grue n'apprécie pas, semble-t-il, l'apparition des vaches sur les îles. On les a mises à paître ici et là parce que l'herbe est abondante et qu'elle ne coûte rien. Parfois, une inondation les emporte. Le yacaré (prononcez : chacaré) est un caïman de couleur sombre, dont la chair et la peau étaient particulièrement appréciées. On l'a beaucoup et trop chassé. En l'absence de ces prédateurs, il semblerait que les palometas aient proliféré. Pourquoi, au lendemain de Noël, sont-elles devenues agressives ? Peut-être ont-elles craint de finir en pendentifs sur les sapins de Noël, artificiels à Rosario. Peut-être étaient-elles, comme les habitants, exaspérées par la chaleur et les coupures de courant. Il n'y a pourtant pas l'électricité sous l'eau, même tiède. Ou peut-être simplement avaient-elles faim – mais de quoi ?

Ce texte est paru dans *Charlie Hebdo* n° 1125 du 8 janvier 2014.

Table des matières